大成拳核心训练法

李照山　杨培飞　主编

北京体育大学出版社

策划编辑：秦德斌
责任编辑：秦德斌
责任校对：吴海燕
版式设计：华泰联合

图书在版编目 (CIP) 数据

大成拳核心训练法 / 李照山等主编 . -- 北京：北京体育大学出版社，2016.6（2020.5 重印）

ISBN 978-7-5644-2327-8

Ⅰ . ①大… Ⅱ . ①李… Ⅲ . ①大成拳—基本知识
Ⅳ . ① G852.19

中国版本图书馆 CIP 数据核字 (2016) 第 152217 号

大成拳核心训练法　　　　　　李照山　杨培飞　主编

出版发行：	北京体育大学出版社
地　　址：	北京市海淀区农大南路1号院硅谷亮城2B-421
邮　　编：	100084
发 行 部：	010-62989320
邮 购 部：	北京体育大学出版社读者服务部　　010-62989432

印　　刷：	北京昌联印刷有限公司
开　　本：	710 mm × 1000 mm　　1/16
成品尺寸：	170 mm × 240 mm
印　　张：	12.5
字　　数：	220千字
印　　数：	2000册
版　　次：	2016年 6 月第 1 版
印　　次：	2020年 5 月第 5 次印刷
定　　价：	35.00 元

作者简介

李照山　河南息县人，出生于 1955 年 8 月 5 日，副教授。在河南大学就读期间，有幸师从王安平先生学习站桩功和五形动功。后又成为著名大成拳中兴之主王选杰先生的嫡传弟子。

多年来，李照山先生在从事院校教学工作的同时，从未放弃对武术的研习、探求和传播。他刻苦练功，连续 8 年共 16 次赴异地向两位恩师求学，每逢节假日、周末、下班后几乎都是他的练拳时间；为了技艺的求精，他还广交益友，向其他门派高手虚心求教；他不但主持了中原大成拳研究中心学术研讨和信阳大成武校的主教练工作，还代师承办了全国性的大成拳函授学员面授班，他的速效式教学法能使学员快速入门，受到了求学者的赞扬；他共发表武术文稿 120 多篇，先后出版《大成拳精典探秘》《大成拳断手绝技》《大成拳养生真传》《大成拳五形动功》《大成拳入门与实战》等多部专著。

李照山先生的武学事迹曾被多种媒体报道与宣传，《精武》杂志社刊发了"大成拳之魂——记大成拳名家李照山"、武术报告文学"走进李照山"等，从 2002 年元月开始，中国教育电视台、北京、天津、河南、武汉、山东等 13 家电视台在"搏击擂台——人物风云榜"栏目做了专题报道。

杨培飞 河南郸城县人，1968年3月出生。少年时，经邻里引见拜当地形意拳师傅习拳。1990年，他在湖北孝感期间，得知河南信阳有一位大成拳通家。在此之前，他已了解大成拳养生效果好，技击威力强。而这位传承者正是大成拳实战家王选杰先生的嫡传弟子李照山。他毫不犹豫地登门求教，李照山先生让他从站桩练起，他开始并不十分理解，李照山先生告诫他说，站桩是大成拳的根基，是获取劲力的保证。明白道理后，他先后练习了浑元桩和矛盾桩等。李照山先生见他是可造之才，将大成拳的"七妙法门"倾囊相授。

杨培飞先生从异地返回家乡创业后，百忙中仍抽出宝贵时间一次次赴信阳求学，十几年来风里来雨里去从未间断，此种毅力实属少见。李照山先生便将自己的拳学结晶——大成拳核心训练体系首先完整地传授于他。此后，他又开始了松沉桩、聚积力量、顺势而发、力柱体验、肌蠕动体验、六统一体验，以及无定态无定势实作等高级功法训练。至此，杨培飞先生对武学有了飞跃性和突破性的认知，其劲力的圆满程度已在周身得以验证，武功与技艺修为已臻上乘。

目　录

第一章

大成拳核心训练法

大成拳核心训练法简介

核心训练之由来

劲力本质三要素

第一节 大成拳的核心是什么

我们经常听到这样的俗语：干啥讲啥，卖啥吆喝啥。意思就是说无论做什么事情，首先得明白怎样才能做好这个事情。如何练好自己选定的武术，是每一个习武者共同关注的问题。怎样练好大成拳，同样是习练大成拳的人所关心的问题。习武的目的无外乎健身和技击。有的人练了很长时间的拳，不但技艺水平提高甚微，连起码的健身效果也达不到，这至少说明他对拳理不甚明了，对拳法没有真正掌握。

世上任何事物，大到环宇星空，小到细胞分子，都有内在的变化规律，这个规律就是本质。抓住了事物的本质，就是抓住了问题关键。我们知道，学生在学习新知识之前，自己看书总是感到非常吃力，经过教师讲解之后，立即明了。这是因为教师能把最关键的东西传授给大家。练拳亦是如此。有的人在书店买了练武的书籍，就按图索骥练了几年甚至更长时间也不知所以然；有的人虽然参加了武术培训班，结果却不见收效；有的人习拳时间不算太长，却颇有成效。很显然，前者注重的只是文字上或肢体上的表面现象，后者则是抓住了拳术的核心内容。就拿李照山先生来说，他是由于体弱多病与武术结缘的。在少年时期，他患有关节炎、气管炎、咽喉炎、神经衰弱症、二尖瓣杂音、肝脾肿大等多种慢性疾病，在多种医药无效的情况下，就自己找关于武术与气功方面的书籍来练习，他曾练习过刘贵珍的内养功、李少波的真气运行法等多种气功，在此期间还向乡村拳师学习过少林拳、按照书中的文字和插图自学了简化太极拳等，但由于始终不得要领，故收效甚微。1978年至1981年在河南大学上学期间，适逢河南电视台播放王安平先生教练站桩功的节目。王安平先生当时在开封市工人疗养院工作，王安平先生把所授功法称为意拳站桩功。从此开始，李照山先生才真正走上了习拳道路。

事物的本质就是该事物的核心所在。核心问题解决了，与之相关的任何问题均可迎刃而解。学拳的道理也是如此。那么什么是大成拳的核心呢？有的人总认为自己练的是真正的大成拳。他们判断拳法的依据主要是从姿势的差异来衡量。如果拜了姓刘的师父，就说姓张的师父或者姓徐的师父练法不正确。其实这是很片面的。从绝对意义上讲，只有宗师本人传授的才是真正的大成拳。俗话说"十个徒弟十个样"，每个弟子学成后的定拳模式都不可能一模一样，即使是最直系的传授，也会产生细微的形式差别。经过下一代的再传，这种差别会逐渐扩大。我们知道，儿子的模样只能相像于父亲，不可能与父亲一模一样，而孙子的长相与爷爷的相貌区别性会更大。何况是练拳呢！

在第二代大成拳代表人物中，他们在每个环节的训练内容是有区别的。比如，李照山先生从学于王安平先生时，其养生桩以抱球桩为主，技击桩则以扶按式为主，试力时进行整体的向前移动或向后回拉，以产生整体之力。王安平老师的功法来源于王芗斋宗师的弟子王斌魁先生。姚宗勋先生以抱树桩为主，训练时意感抱一大树，然后意想将大树进行上提、下按、回拉、前抱、外撕或内合，其目的是为了训练六面争力。王选杰先生教授的养生桩以浑元桩为主，技击桩以矛盾桩为主，试力以钩锉试力为主，这样的目的是为了培养锻炼"内劲"。上述三位大师虽然师出同门，但训练方法却有如此大的差异，难道我们会对他们传承的功法有所非议吗？事实上，他们所学皆为王芗斋宗师的拳学所在。为什么会产生这种形式上的区别呢？为什么他们都能代表真正的大成拳呢？

这是因为他们所学完全符合王芗斋宗师的拳学思想。之所以产生这种现象，是因为王芗斋宗师在判断一个拳学的真伪时，重本质而不拘泥形式。笔者的推论是：弟子请教先生时，先生让你站某一桩式或进行某一试力，即使弟子的胳膊或高一点或低一点，姿势的幅度或大一点或小一点，但只要功法内涵符合拳学的思想，都会得到先生的首肯。这样，当一个弟子的训练模式定型后，则会以自己多年形成的经验来对自己的学生进行传授，如此就产生了同师而不同形的现象。

我们在学拳时，不能仅从姿势上加以模仿，应该抓住拳学的本质。大成拳有"七妙法门"之说，但是，从王芗斋先生的拳学论著中根本找不到关于"七妙法门"的字眼或论述。从《大成拳论》可知，大成拳有站桩、试力、试声、自卫几个步骤。而我们现在所习练的大成拳，则有站桩、试力、走步、发力、试声、推手、实作七个步骤。笔者认为，这是第二代大师们的拳学结晶，是他们的对大成拳的贡献，是他们根据自身的习拳经验所归纳总结的"七妙法门"。王芗斋宗师的功理功法大多是纲领性的大理大法，而且多以半文言文的语言出现，这也给后学者带来理解方面的难度和偏差。在"七妙法门"中，功法的系统性强，对功理功法的表述通俗易懂，稍有一定文化程度的人依法练习即可有所收效。王芗斋先生叹曰："我常感到天地之间学问实无穷无尽，而笔墨之实难表达我。学者若能从我之所说者推出我之未说者，实我至望焉。"

究竟如何练习大成拳呢？对于初学者来说，还是以"七妙法门"的功法步骤为宜，因为这些功法可为习者提供一个较为简单的入门之道，这是该体系的优点之处。当然，练到一定程度之后，就不能再拘泥形式，而应探求更深的拳学内涵，即要从王芗斋宗师的拳学理论中窥以端倪。因为这种理论体系是大成拳学的真理所在，是航行中的指路明灯。但对初学者来说，就是把这些拳学论述全部背熟，也不能真正感悟其内涵所在。

技击的要素无外乎三个方面：一是劲力体系；二是拳法与技术体系；三是胆量训练与经验积累。其中最核心的是力量体系。就像一个孩童，面对一个壮汉，即便你学的招法再多也是枉然。抓住了拳学的核心，可收到事半功倍的效果。笔者在过去的教学过程中（技击方面），首先教习者站矛盾桩，以培养基本的整体力和内劲；有了一定桩功和内劲基础后，就站托婴桩，以此练二争力；最后，通过站抱树桩，以求浑元力。当达到内劲笃实、运力自如的阶段后，基本就具有了较高的修为层次，此阶段常被誉为炉火纯青。

第二节 劲力本质的三要素

劲力是技击的先决条件，如何才能更好地修炼内劲，其本质究竟如何，这是习武者必须搞清楚的问题。事实上，欲使武者的劲力具有超强的效果，首先要了解超强劲力所具有的三个重要因素。

一、任何力量都来自肌群的收缩

如果离开了肌肉的收缩，就没有力量可言。在日常生活中，我们搬动或推动一个物品，都会有肌肉拉紧的感觉，这就是肌肉的收缩，即我们平常所讲的肌肉紧张。对于武术而言，不论是太极拳的弹劲、八卦掌的活劲、行意拳的整劲、大成拳的内劲、截拳道的寸劲等，都是肌群收缩的结果。

在竞技运动或多种武术的力量中，常有爆发力之说，而这种爆发力就是特殊形式的、高效能的肌群收缩形式。我们常说站桩时要放松，但是要做到真正的放松后，肌肉则会产生极大的收缩。如果肌肉绝对的放松了，就没有力量可言，这种情况在武术中叫作"懈"，并不是真正意义上的"松"。武术中的松和紧是矛盾的两个方面，一般难以理解。尤其是内家拳法，既要求放松，又要保持一定程度的掤劲，此种说法更是让人不可思议。为了让习者明白这个道理。李照山先生让学员在自己身上多次进行体验：当李照山先生处于常态时，别人可以捏住他的肌肉；一旦他有意地放松了身体，对方反而捏不住他的肌肉。此时，对方用掌或拳击打所捏部位，则会感到非常坚硬。

二、参与收缩的肌群越多力量就越大

常识告诉我们：大人比小孩有力，胖子比瘦子有劲，身体强壮者的力量要大于体质弱小者，就是因为前者的质量大于后者。体重大者，其本力就大，这就是人们常说的身大力不亏。原因就是体重者在运动时参与收缩的肌群较多，所产生的力量较大。正因为如此，很多体育的竞技项目都是以体重划分级别的。大成拳讲究整体放人或整体打人,其目的就是要调动更多的肌群参与收缩。对此,可从爆发力的概念中得解释。

　　《运动生理学》中爆发力的定义是：人体在短时间内完成较大的做功能力。功（W）等于力（F）和物体沿力的方向移动距离（D）的乘积，功率（P）是指单位时间（t）内所做的功。

W ＝ F×D

P ＝ F×D/t

　　由于 F ＝ m×a　　所以 P ＝ m×a×D/t

　　其中 m 是人体的质量，a 为肌肉运动的加速度，由此可知：在加速度、做功的距离及做功的时间确定的情况下，质量（体重）越大，产生的力量就越大，功率就越大，故爆发力就越大。

　　即使如此，也不能为了练拳，使自己的身体变得很胖，以此来增加体重，而是应该通过合理的办法，使有限的自身质量得以无限的发挥。此法就是站桩，其作用包括以下三个方面。

　　第一，通过站桩既可增加重力感，又能使"肌肉若一"。这样就可使参与有效收缩的肌群增多。练到一定程度后，只要一进入桩功状态，内在的肌群就会产生相应的牵挂和收缩，这就是"肌通连"。到了此时，力源并非肢体的某个部位，而是来自胯、腰、背等相关肌群协调若一的收缩作用。

　　第二，站桩可增加单个肌纤维的直径和肌纤维的数量，这样就等于增加了肌肉的体积，而力量的大小是和肌肉的体积是成正比的。

　　第三，在站桩过程中，可不断地提高白纤维的比例。肌纤维有白肌纤维和红肌纤维两种类型，其中白肌纤维的比例越大，肌肉收缩力量也就越大。尤其是经过后续的试力和发力练习后，会更有效地提高白纤维的比例。

三、肌群收缩的方向若一化

　　在整体肌群收缩的前提下，要使其收缩的方向朝一个点进行。在现在流行的大成拳功法中，若能做到整体发力已相当不错，很少有人注重肌群收缩方向的若一化。在《运动生物力学》中，按照"肌肉协同"原理可知，如果一个人的肌群收缩真正做到了向一个方向着力，可产生 20 ～ 25 吨的力量。但由于人体内各肌群、骨骼、脏腑之间的内阻作用，则不会达到这种理想效果。若按最低限度计算，假设能达到十分之一，就是 2 吨的力量，二十分之一就是 1 吨的力量，四十分之一就是 1000 斤的力量；即使你能达到八十或一百二十分之一，也可产生 500 斤或 300 斤以上的力量。这对技击已经够用了。在李照山先生的弟子中，比如林学伟的出拳力度就大得惊人，往往可给对手以致命地打击。

按照上述的拳学观点，完全可以做到后学者超过前辈，徒弟超过师父，一代胜过一代。李照山先生说：减小空距"之所以这样认为，完全是客观的存在，绝对不是谦虚或恭维之话。这是核心训练方法的开明之处。该法是我近三十年的感悟所得，而今我已年过 60，假如一个年轻人的悟性和身体素质较好，他明白了这些道理并经刻苦训练后，就会使肌群协同更好，很快就能产生惊人的打击力量"。另外，按照以上三个要素的观点进行衡量，任何人的功力水准均没有登峰造极和炉火纯青之说。如果你按核心功法训练达到了常人所认为的惊人效果，那也只是一个起点，或者说万里长征走完了第一步。这是因为你离理想的状态还相差很远。

第三节　核心训练六步骤

一、外整性力量训练

所谓外整性力量，就是从机体的外在形式上看具有整体性的特征。此部分内容就是大成拳的入门功法。只要方法得当，短期内（7~10 天，最长不超过 1 个月）既可掌握基础的练功方法，又可初步具有基本的整体力和放人效果。从而领悟大成拳"不用力而处处有力，不讲招而处处是招"之奥妙。此阶段的功法内容是浑元桩、矛盾桩、钩挫试力、力量的引发与发放（包括放人训练）、圈锤、炮拳、扇掌、金刚膝，以及这些简单技法的模拟训练与连环技法。其原理是：经过矛盾桩状态下"肌松力掤"的意感体验，可使肢体产生一定的立体掤撑作用；通过钩锉试力可使掤劲的作用在空间得以延伸；通过辅助动作和整体力的空练，可使力量得以实质性的感知。在整体运动的前提下，只要能保持这种掤撑效果不散架，完全可做到初步放人。这部分功法即是李照山先生早年开创的"大成拳速效教学法"，习者依法训练即可。如果仅作为一般性的练习，这些内容已足够矣。假如习练者在拳学方面有更高的追求，这些内容就是攀登

>>>

高峰的基石。当自身基本具有外整性力量并能适当地加以应用后，就可以研习核心功法的下一环节内容。

二、松沉体验

通过松沉桩体验自身的松沉感觉。其目的是为了更好地体验不用力而处处有力，并在此过程中形成上松下紧的效果。

三、聚积力量

"下紧"的作用是获得雄厚的下盘根基，而"上松"则是聚积力量的必然过程。当躯干部位放松至一定程度后，就会由"松"不断过渡至"不松"，进而形成圆满的"内整"。

四、顺势而试

当劲力增强至一定程度后，就会有向空间延伸的欲动，此时则应顺势而试。这种试力形式有别于"七妙法门"的钩挫试力或蛇缠手试力等。此时的试力是真正意义上的试力。

五、顺势而发

当力量在空间延伸的劲路逐渐畅通后，会出现骤然爆发的趋向，即可顺势而发。此时的劲力犹如堤坝之决口，江湖之水倾泻而出。

六、六统一阶段

所谓六统一，即要求在练拳的过程中所形成的声、意、气、势、力、神六个方面高度统一。此为武学修为的高级阶段，也是训练的最困难的阶段。但是，对于一般的习拳者而言，只要能达到聚集力量和顺势而试的功态效果，即可成为一个相当好的练家；当顺势而发操作自如时，即归为高手之列；如果能轻车路熟地驾驭六个方面，并使之融为有机的统一，则已成为名副其实的一代武学宗师！

第二章

外整性力量训练

核心训练六步骤概要
及外整性力量训练

　　力量的外整性是相对于内整而言的。大成拳有整体发力、整体打人之说，此处所讲的"整"有"外整"与"内整"之分，所谓外整即从作力的肢体上有明显的整体特征。此方面内容就是"七妙法门"最基本的功法。尤其是对站桩、试力而言，选练的都是最根本、最关键的功法；步法训练以摩擦步为切入点，在此基础上再进行其他步法练习；整体力的发放则由辅助性的引发动作开始，然后进行整体力的体验与放人练习；此后，再通过适当的单操手和连环技法训练来进一步领悟整体力的寓意和应用。

　　外整易得、内整难练是显而易见的道理。即使如此，如果方法不当，也很难掌握外整劲力的发放与实用。这也是不少人练了很长时间未得其果的原因。然而如果方法科学得当，短期即见成效。多年来，李照山先生在教授短期班的学员时，合理地安排了外整性力量训练的内容，使习者在 7 ~ 10 日内既可完全掌握大成拳基础功法，又能初步具有放人与防身自卫能力，并在此基础上领悟大成拳"不用力处处有力，不讲招处处是招"之奥妙。

第一节 浑元桩和矛盾桩

站桩包括养生桩和技击桩。顾名思义，养生桩为养生而设立，技击桩为技击所专属。浑元桩是养生桩的根本桩法，矛盾桩是技击桩的灵魂之桩。站好了浑元桩，其他养生桩法如抱球桩、扶按桩、养气桩等可以融会贯通。练好了矛盾桩，稍加衍变即可过渡至其他技击桩，如抓球桩、鸟难飞桩、托婴桩等。对于体弱多病或以养生为目的者，以练浑元桩为主。对于练技击者，开始也应从浑元桩入手。其原因是，浑元桩即是矛盾桩的基础桩法，又可作为技击桩修炼过程中的休整性桩法。

一、浑元桩

1.浑元桩的练法

两脚与肩同宽，呈平行或接近平行状态，两腿自然弯曲，立身中正，两手向上抬起，与肩同宽或略高于肩，两肘略低于肩部或两手，两臂在身前呈横向的椭圆环抱状，以形成外撑内抱的内量；十指自然分开，掌心向内，与自身约一尺距离，整体放松（图1）。

图1

不少人在站浑元桩时，刻意地追求某些书籍在文字方面的描述，或者说，困扰于某些身法要点的叙述。比如，对腿部的要求，非要在意到底应弯曲多少度，如果是这样，那还是自然弯曲吗？所谓自然弯曲就是平时站立的自然状态。有的人在看到其他大成拳书籍对身体各部位要求时，总是要问如何做到头悬顶、目要正、项要竖等，还有如何才能似笑非笑、似尿非尿等。事实上，浑元桩并非高难度的桩法。各种书刊对站桩要点描述固然正确，但在实际的站桩中却没有必要对号入座。如果站桩时一味地想着头部如何，肩部怎样，怎样才能肩撑肘横，如何才能舌抵上腭等诸多要领，必然会造成肢体上和心理上的负担。这样又如何站好桩呢？

又能如何保持放松和入静呢？正确的做法是：按照简单易学的站法，自然而然地进入站桩所描述的状态，而不是刻意求诸多的要领来束缚站桩。

2. 站浑元桩的目的

我们为什么要站浑元桩呢？或者说，站此桩的目的是什么呢？这都是初学者必须明确的问题。事实上，不论大成拳的养生桩还是其他的气功功法，其目的都是为了培养锻炼"内气"。

对于"内气"的含义主要有三种说法。

（1）"内气"即中医所讲的"元气"或"真气"，这种"内气"运行于经络，是人体活动的精华所在。

（2）现代科学理论认为，"内气"就是能量物质。不论从哪个角度讲，"内气"充盈时，生命力就旺盛，免疫力就强，身体就健康；"内气"不足时，就会无精打采，免疫力就下降，就会体弱多病。在现实生活中，我们常用"少气无力"的字眼来形容某人精神面貌。这里所说"少气"，指的就是"内气"。

（3）"内气"并非真的有"气流"在体内运行，而是指练功效应。站桩有哪些练功效应呢？刚开始时，两手可出现或热或胀或麻的感觉，尤其是掌心的劳宫穴部位更为明显，随着站桩时间的延长，这种效应会逐渐向身体其他部位蔓延。有时，皮肤会出现蚁走感，肌肉有跳动感，周身有温热感，继之，可出现整体的充实感、重力感等。

既然"内气"属于功感效应，那么这种功感效应的强弱并非衡量练功好坏的唯一标准。这是因为从根本讲，站桩的宗旨是祛除疾病，康复身体，健康者精力更加旺盛。经过站桩后，只要自感身体状况较佳，就是最好的目的。有的人练了其他气功或站桩后，感到身上有很多的"气"，到处炫耀，但问其所患疾病如何，却无一好转，不能吃饭还是不能吃饭，失眠还是失眠，高血压者血压无丝毫下降。如此即使气感再强又有何用呢？相反，有的人虽然气感不甚明显，可是通过练功，吃得好，睡得香，头痛减轻或消失，血压下降至平稳，精力充沛，身体健壮，我们总不能说他的气感弱，练得不好吧？

之所以会出现功感与功效的反差现象，则是由每个人的经络敏感差异、末梢神经的感觉不同所决定。从中医理论讲，经络包括十二经脉和奇经八脉，这些经脉输送"元气"至脏腑，以维持各个脏腑的生理机能。有的人经络敏感，末梢神经较为灵敏，稍有微弱的"内气"产生，就会有明显的感觉；但是，这种微弱的"内气"难以使身体发生本质性的变化，更不能说疾病得以康复。有的人经络和末梢神经比较迟钝，虽然"内气"有了相当多的聚集，但自我感受却比较微弱，甚至身体康复后气感仍不太明显。当然这种现象不会长期如此，当"内气"达到一定程度后，气感会更加显著。

如果刻意地追求或强化"内气"的变化，不但无益，反而会出现副作用或严重的偏差。有的人练了某种气功后，感到印堂穴部位气感明显，他查阅了相关书籍，认为是"得气"的表现。当请教了"高人"后，被告知是"开天目"之前兆。因此，便暗自高兴，并更加求取这种变化。很快他就感到印堂穴与牙齿之间有钢丝牵拉，使得眼睛、鼻梁骨内和嘴唇不停地抖动，非常难受，严重影响了形象和正常上班。还有的人为了追求自发动功的"动"，讲究如何守穴产生"气"，如何行经走气，结果练成了精神病。

正是基于上述原因，对于"内气"的产生与变化，不可强求，让其自然产生，自然变化。俗话说得好：无心插柳柳成荫。对于大成拳的养生桩，显然是采用气机自然变化的原则，但实践证明，这种方法可使气感迅速、均匀、强烈。而有的气功虽然一开始就讲究守穴行经，但无气感变化，甚至练功很长时间也没有使疾病好转。

3. 如何达到浑元桩目的

要达到浑元桩培养锻炼"内气"的目的，必须遵循养生桩的原则要求。即"舒适自然"的要领。王芗斋先生指出："站桩时既愉快又甜蜜，省力得力增力而舒适""不思考，不费力，心脏无负担，大脑得休息。"这正是对舒适自然的具体描述。

当一个人处于舒适自然的状态时，会感到身体很轻松，大脑较宁静。对于松与静，是一切养生气功与内家拳法的共同追求。这是因为在放松和入静的情况下，体内极易产生种种练功效应。例如，一个人手提重物登楼梯时，会很不舒服，此时的两臂、两腿很紧张，心跳也加快，心境也不会宁静，当把重物放下后，让其坐在沙发上休息一下，顿时会感到浑身舒适，其原因是周身的肌肉放松了。可见，身体放松了，就会感到舒适；反过来讲，人舒适了，就说明身体放松了，大脑安静了。

"舒适自然"的含义是：站桩时如果感到自身放松、舒适或很得劲儿，一切不必管它。此时想看电视就看电视，想听音乐也可听音乐，但不是主张一练功就必须看电视或听音乐。

虽然浑元桩的原则要求是舒适自然，但对初练站桩者、体弱多病者来说，稍站一会儿就会出现胳膊酸痛的感觉，既不舒适又不自然。此时，既没有必要撑着身体站死桩，也不能完全终止站桩。站死桩就违背了原则要求，反过来如果一出现不适的感觉就终止站桩，则永远练不成。正确的做法是对身心状况进行调整，使之重新达到舒适自然的状态。调整的方法有两种：肢体调整法和意感调整法。

肢体调整法： 此法是对肢体的随意调整，站桩时，如果胳膊累了，可把胳膊放低一些，站成非正规的抱球桩（图2）；过一会儿可慢慢上抬至浑元桩，若站非正规的抱球桩仍有疲累之感，可再放低一些变为非正规桩的养气桩（图3）；当腿部有不适之感时，可将一只腿迈出变为稍息式（图4），使之休息一下，也可依法将另一只腿变为稍息式。如果怎样站都不顺当，可坐着练（脚跟着地或全脚掌着地均可），此时，两手两臂可呈撑抱式（图5），或直接把两手放在腿上，掌心向上或向下均可（图6）。当坐着练也不舒适时，还可按卧式练。如果采取什么样的姿势均不自在，干脆就不要练了，先休息一下。

图2　　　　　　　　图3　　　　　　　　图4

>>>

图 5　　　　　　　　　　　　　　　　　图 6

意感调整法：所谓的意感包含意念和感觉两个方面。意念是想象的代名词，而感觉是肢体受到外界刺激后的感受。比如，你的手放在那里，想象有人打了一下，虽然只是想象，但你的手会有莫名其妙的感觉，这就是意念的作用；再比如，当你的肢体处于某种状态时，突然有人对你的臂部或手部用力地打了一下，不论你是否想象，都会有被打的触痛，这就是感觉。因此，意感是介于想与不想的精神状态。说具体点儿就是当我们选定某一意念活动进行诱导时，这些意念活动不能太强，要混混沌沌，模模糊糊，若即若离，似有似无。意感调整方法较多，在此仅举主要的三种。

（1）水浴法

好似自身站在温水中，水深至胸部，温度适中，全身放松，然后体会水的阻力感和浮力感，体会水对自身的毛孔、皮肤、肌肉的冲抚之感，感到无比的舒适与自在。

（2）挂棉法

意感自身骨骼好似宝树之干，肌肉好似朵朵棉花挂在树干之上，然后，体会肌肉像棉花一样的松软与轻柔，如此可使肌肉产生离骨感，继之，在肌肉与骨骼缝隙之间可产生暖丝丝、温酥酥的感觉。这就是内家功夫所指的易筋易髓作用。

（3）放松法

有意放松自身的身体各部，可先使两手、两臂、两肩、胸部、腹部、两腿、两膝、两脚掌放松，然后再使背部、腰部、臂部、两膝窝、两小腿、两脚跟放松。

以上两类调整方法可互相灵活应用，即在改变肢体调整的情况下，可任意地使用不同的意感调整法。

对于任何体弱多病者，以及腿部有病而不能行走的人来说，都可按上述的原则要求进行桩功锻炼。比如有的人久病难以站立，可扶着树、靠着墙练习，待病情好转后，再逐步过渡至正规的浑元桩。

4. 浑元桩对呼吸的要求

呼吸的状态有三种：自然态呼吸、过渡态呼吸和功态呼吸。

所谓自然态呼吸即呼吸自然。对于常人而言，自然状态下的呼吸频率为 16 次/分钟。然而随着站桩的进行，常态的呼吸则变成了非常态，有时呼吸变得急促，有时变得缓慢，有时会产生憋气胸闷的感觉，此时只有深吸一口气或深呼一口气才感到舒服一些。个别人还会出现胸部特别难受的感觉。这种非常态的呼吸形式就是过渡态呼吸。出现这种情况后，一般不必管它。如果胸闷气短的现象很明显，两臂向下调整即可消除。

之所以出现过渡态呼吸，完全是能量代谢的需要。我们知道，任何运动都需要能量，而能量物质则来自 ATP（三磷酸腺苷）。这种物质是各种生理活动和肢体运动的直接能源。当机体需要供能时，它就与体内的氧气结合，然后产生能量、水和二氧化碳。能量被利用，水被吸收或以汗液排出体外，二氧化碳被呼出。比如，我们进行跑步、打球等剧烈运动时，需要更多的能量，这就需要较多的氧气与能量物质结合，而常态呼吸的供氧量已不够用，于是便有了快速吸气的现象。在此过程中也产生了较多的二氧化碳，该物质是酸性物质，在体内含量不能过多，否则会引起酸中毒，出于正常的机体反应，就必须通过快呼的方式将二氧化碳排出体外。于是，呼吸的频率便急速加快了。

有人可能会问，站桩时在原地没动，该不算运动吧，呼吸怎会发生变化呢？其实不然。人们通常将肢体有位移的动作叫运动，即位移运动，实际上还有一种是位静运动，即肢体在不动状态下的运动。怎样才能更好地理解运动呢？这要从本质上看待这一问题。我们知道，运动的结果必然伴随肌肉的收缩。从本质上讲，只要身体某部肌肉参与了收缩，就是运动。从表面上看，站桩的姿势处于不动的状态，但抬起的两臂要维持撑抱的状态，下肢要支撑整体处于桩功状态，没有相关的肌群收缩是不可能的。既然站桩引起了肌群的收缩，那么站桩也是运动，同样需要较多的能量供给，于是就有了呼吸不够用的感觉。

如果从较深的层次来分析，站桩是更好形式的运动。其原因是：人的肌肉由组织组成，组织则由细胞组成。所以只要细胞参与了相关活动，就可认为是在运动。能量物质的产能要伴随着氧的消耗和二氧化碳的产生，这一过程的发生均是在细胞内进行，故将此过程称为细胞呼吸或组织呼吸。毫无疑问，细胞的呼吸肯定是细胞在运动。站桩到了一定程度后，身体除了会产生热、胀、麻的感觉外，还会明显感到周身每一个细胞都在参与活动。王芗斋先生指出的"不动之动乃生生不已之真动"即为细胞在运动。

站桩进入高级阶段时，身体相对放松，大脑较为入静，由桩功所产生的供能与耗能过程亦趋于平衡。此时的呼吸会越变越慢，越变越长，最后逐渐形成慢、细、深、长、稳、匀、悠的功态呼吸状态。这种状态的特点是：吸气时腹部下瘪、胃部鼓起，呼气时腹部沉实，胃部恢复常态。不少气功或内功修炼者把这种状态叫作逆势呼吸。功态呼吸是修炼内功的高级形式，有的习练者会因此刻意地追求，结果出现了偏差。大成拳的站桩由自然呼吸入手，随着站桩时间的延续，自然而然地形成了过渡态呼吸，然后再自然而然地由过渡态进入功态，一切都是顺理成章，不会出现任何偏差。

5. 浑元桩对眼睛的要求

眼睛的状态也有三种：自然睁开、微微闭合或半睁半闭。前两种方式各有优缺点，半睁半闭则是介于两者之间的过渡状态。

眼睛睁开时，可轻轻目视前方某一目标，如塔楼、山川等，若在室内，则可目视某一壁画等。眼睛目视时，一定不能盯得太死，应使之处于似看非看、或类似"走神"的状态。此种状态会使视神经处于兴奋状态，其他大部分神经则处于抑制状态，这样，就有利于放松和入静。但是，时间稍长眼睛会产生发干、发涩的疲劳感，这就是它的不足之处。此时可使两眼微微闭合或半睁半闭。两眼闭合是人入睡的状态。因此，微闭双眼站桩可使人易于入静，肢体易于放松，内气易于产生。但长时间的闭眼，就会产生昏睡感或下肢不稳摇摆感。出现这种情况后，则把双眼微微睁开或半睁半闭。站桩时究竟采用哪种方式呢？完全取决于桩功的自我感受。

站桩到了一定程度，即可进行较为高级的精神假借活动。比如，在松静的状况下，可设想自身毛孔全部开放，与外界大气融会贯通，有如夏日凉风吹拂之感，舒适至极，又似全身毛发都有伸长摇摆之感。只要精神一振，浑身毛发都仿佛有"怒发冲冠"之势，这就是《大成拳论》中所说的"毛发根根如戟"。也可设想自身高大无比，顶天立地，四肢仿佛能够支撑宇宙，山河大地如同弹丸，有浩气放纵的精神气魄。

二、矛盾桩

矛盾桩包含了对立与统一两个方面，桩式中的后手为矛，前手为盾。矛有进攻之意，盾为防守之状。因此，矛盾桩不但以培养锻炼"内劲"为见长，而且还具有独到技击作用。

1. 矛盾桩的站法（以左势为例）

先把左脚跟置于右脚内侧三分之二位置，两脚夹角不超过30°（图7），然后沿着左脚的方向使左脚向前迈出，左脚跟落在原脚掌的水平线位置，以形成左式丁八步。此时要注意两脚横向距离要适当，如果太小，重心不稳固，假如太大，则不利于重心的调配（图8）。

夹角30°

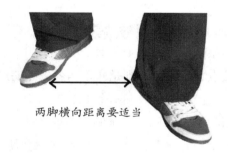

两脚横向距离要适当

图7   图8

两臂抬起，两肘与肩同高或略低，左臂在前，掌心向内，内臂的屈肘处大约120°～135°，左手食指与眼同高，印堂穴、食指第三骨节处及前脚掌位置要处于同一直线的位置，眼睛以此方向目视前方。

右手略低于左手，两手食指八寸至一尺距离；两臂在身前要形成稍向右偏斜的横椭圆状，使其自然形成"肩撑肘横"与"外撑内抱"（图9）。

>>>

右式的站法与左式相同，只是方向相反。左右两式均要练习。

上身似正非正，似斜非斜，后胯内裹。所谓裹胯就是使后胯尽量有内拧、后拉、下坐之意。裹胯是矛盾桩重要环节，如果做不到裹胯就练不好矛盾桩。怎样才能做到裹胯呢？可从以下三个方面来衡量。

图9

（1）没裹胯时两腿是直的，裹胯后两腿自然弯曲。

（2）没裹胯时，用手触摸一下后胯的大转子为凹陷状态，裹胯后就成了鼓凸状态。

（3）不裹胯时，后胯或大转子没有不适感觉，裹胯后有发紧、微痛的感受。裹胯后，身体重心前三后七，上身有不太明显的后靠之状。

2. 站矛盾桩的目的

站矛盾桩的目的是培养锻炼"内劲"。所谓"内劲"即来自体内的、不显于体表的一种劲力形式。说白了，就是不用劲之劲，不用力之力。内在的东西从外表是难以察觉的。比如，抽屉里放有何物，只有打开才能清楚；线路里是否有电，只有接上灯泡才能知道。授拳者用通常的道理向习者解释"内劲"时，听讲者总是难以理解什么是不用力之力。此时，授拳者可随意地做一个看似无力的动作，当这种动作触及对方身体时，对方即跌出丈外；也可将拳轻落于对方胸部，对方顿感若重锤击来；将手指向对方胳膊轻轻一挂，对方手臂即产生麻痛之感。"内劲"的特征就是看似无力，但实际威力无穷。任何一个人，随意做个动作，也称含有"内劲"，显然是不可能。只有经过适当的桩功训练，才可能产生"内劲"。

由于"内劲"是一种不用劲之劲，故肢体在具有一定力量的同时，还能保持一定的放松度。这样，肢体就处于灵敏状态，不论推手或实作，均可具有很强的应用价值。例如，当我用某种技法进攻时，若此法受阻或因对方躲闪无效时，我自然应变不同的打法，如此就充分体现了"不用招而处处是招"之奥妙。

3.站矛盾桩的原则要求

欲达到培养锻炼"内劲"的目的,必须遵循矛盾桩的原则要求,即"肌松力掤"。

"肌松"是指肌肉放松。首先是整体放松,这样可有利于体认自身的重力感,好似自身被地球引力所吸引、所包裹,又似二力合一。只有如此,才能增加重力感,使有限的自身质量发挥出无限的作用。此外,还要注意两臂的放松,以使两臂在撑抱的过程中产生微动及肌群收缩的作用。

"力掤"是指肢体在空间的支撑作用。"掤"字在一般的字典中查不到,它可被认为由"棚"字演变而来。"掤劲"是内家拳法一种特有的力。"棚"系名词之意,比如木棚、草棚、瓜棚等。要想搭建一个棚子,必须得有棍棒类物质搭成架子作支撑。在武术中,掤的衍生之意即为支撑。

若整体具有很好的支撑作用,可提高自身的稳固性。在武术中,要想把别人放出或击出,其前提是自身必须具有较强的稳固性。比如,我们用手推墙,没有一个人能将坚固的砖墙推倒,其原因就是砖墙太稳固。不但不能把墙推倒,反而还会受到墙体的反作用力,使自己连连后退,假如砖墙有手臂,对我们再施加一个推力,我们必跌倒无疑。同样道理,若遇人推我,如果我稳如磐石,对方必推之不动,而且还会受到反作用力使重心不稳。此时,我可再给对方施加一个发放力,即可轻易地将对方放出。这也就是与王芗斋宗师试力者,在与先生接触的瞬间即被反弹而出的原因。

当两臂的支撑性加强后,可提高实作中的穿透性。放人时,看似无力,被放之人却感到力量甚大,实际上就是上肢乃至整体的支撑力度所致。这好比一个水桶,只有桶中注满了水,才能任意倾斜一个角度,水即溢出。

综上所述,有了支撑,也就有了力量,故"掤"亦即力量之寓意。武中之力可谓之为劲或功力,因此,常将"掤"和"劲"作为一个完整的特有名词称之,即"掤劲"。无论推手或技击,如果自身整体有了很好的支撑作用,别人就难以将自己放出或击出,自己也同样具有放出或击出他人的先决条件;如果两臂存在良好的支撑效能,就能在进攻时势不可挡,在防守时万无一失。

4.如何做到肌松力掤

大成拳站桩讲究意念调配,通过"意"的作用对肢体产生相关的影响。站矛盾桩适应后,即可进行"推之不动,拉之不开,砸之不落,挑之不起"的意念诱导训练。操作方法为：在身体放松的前提下，意感有人推我胳膊，我不让其推动，或有人拉我胳膊，我不让其拉开；也可体认有很大的力量砸我胳膊，我不让其砸下，若有力量向上挑我胳膊，我不让其挑起。此时，要注意两点，第一意念不要太强。所选用的意念活动要"似有似无，若即若离"，这样的意念诱导即弱信号的强度影响。按照心理学的原理，只有给大脑输入的是弱信号，才能使肢体产生强的应答反应。第二是每次意念诱导的时间不能过长，通常体认2～3分钟即可。之后，使身体处于单纯桩功下的休整状态。如果体认时间过长，势必使大脑和肢体造成疲劳而不利于劲力的培养。

刚开始很难做到"肌松力掤"，这是因为"肌松"和"力掤"是矛盾的两个方面。对一般人而言，如果让其放松，就会松塌无力；如果要其保持两臂不被人推动，势必又僵硬起来。以后是否能做到"肌松力掤"呢？答案是肯定的。这是因为弱信号下的机体应答反应会对身体产生两种重要作用。

（1）骨重建

所谓重建就是骨骼通过改变大小、形状和结构以适应力学需要的功能。重建可增加骨的密度，从而增加骨的强度和硬度。无论发何种力量，打出何种招法，都离不开骨骼作支撑。只有具有良好性能的骨骼作运动链，才能具有较好的肢体支撑和掤劲效果。比如，用同样粗的木棍和铁棍去搭架子，肯定后者的支撑力大得多；用同样粗的铁棍击人可使人脑袋开花，木棍击人可使人头起疙瘩，内含空气的塑料棒击人则如挠痒；骨密度的改变既可增加推手或阻截过程中的掤撑感，又能提高打击中的穿透性。对于一个长期站桩和试力的人来说，我们可通过腕部的触点感知其臂如棉里裹铁，非常沉重，这正是"骨重建效应"。

（2）肌通连

按照牛顿第二定律可知，质量越大，产生的力量就越大。如果单纯用两臂两掌推人，不会产生较好的效果，其原因是两臂的质量远小于一个人的身体质量。所谓"肌通连"，就是要使身体各部肌肉产生若一的通连，从而增加了作力的质量源。在此基础上，即可形成以胯部为鞭根、躯干为鞭体、臂手为鞭梢的劲力传导链。

对于常人而言，在进行某项肢体动作时，往往依赖于肌肉的本能生理活动。经过不同体育锻炼后，肌群的质量虽可得以改善(如肌节增长，肌肉体积增大等)，但欲使之若一的参与某项运动，有一定难度。经过站桩练习后，肌肉不但能有效地收缩，而且参与收缩的肌肉可在力点的位置达到尽可能大的延伸。这样，不但肌群数量与质量增加，而且动作的距离也得以延长。当做到"肌通连"后，若用手腕搭扣于对方的手臂，其力源不但来自上肢肌群收缩，而且还可使肩部、背部、腰部的肌肉参与收缩，此时，若让人触摸一下他的腰背，可明显地感到这些部位肌肉在收缩，这就是为什么经过长期站桩的人能够具有较大的发放力与穿透力的原因。

第二节 钩锉试力

回手如钩，出手如锉，乃为钩锉试力。其作用可试整体力通过躯干部位向两臂、两腕运行之状况。在教学中，钩锉试力可分解为预备动作、两掌的过渡动作、钩锉动作三个步骤进行学习。下面仍以左式为例。

1. 预备动作

在矛盾桩的基础上，前脚略向前、向外开，此时不必讲究裹胯；将两臂两手稍向内收，使两手距自身约一尺，两手的食指间约四指距离，高度略低于视线。此动作亦即钩锉试力起始动作（图10）。

对于两腕和两肘的高度一定要默记于心，而且不论后续的动作如何前推与后拉，其高度都要保持不变，以免力量失衡。

2. 两掌的过渡动作

两肩两臂放松，两腕带动两掌缓缓向外分开至接近平行状态，掌心斜向后下方，十指斜向前下方，但不可太向下，在两手与地面平行的前提下，只要离开平行面有一点斜向前下方即可。两手中指之间约一头距离（图11）。

图10   图11

>>>

练习此动作时，最容易出现的错误主要如下：

（1）把分掌变成翻掌，这样两手之间的距离远大于一头距离，力量就会变得分散，不利于形成集中的前推动作（图12）。

（2）在完成过渡动作定式后，两掌要自然形成内高外低之势，即大拇指与虎口微向上领起，小指部位要略低于整个掌背。但是，有的人练此动作时，总是与之相反，如此试力，腕臂部位非常别扭，力量难免会有阻滞之感（图13）。

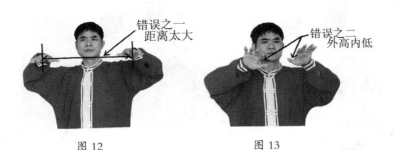

图12　　　　　　　　图13

3. 钩锉动作

两掌过渡动作完成后，微微向上抬起，十指由斜向前下方变为斜向前上方；左掌在前、右掌在后错开约半头距离（图14），继之，两掌缓缓向前推去，使两臂呈快要伸直的状态，身体重心的分配则由原来的前三后七变为前后各五成（图15、图16），两臂外旋，掌心斜相对，两掌心横向距离约一头；然后，再使两手慢慢回拉，当两腕拉至起始状态位置时（图17、图18），再使两掌心向内，直至恢复为预备动作。此时的下肢又恢复至前三后七的重心模式（图19）。

图14

接着再做第二个钩锉试力，如此反复循环练习。

图 15   图 16

图 17   图 18   图 19

　　两臂在推拉的过程中容易出现的错误：①回拉时两肘不能很好地把握原始的高度，总是不由自主地下垂，这样容易使两手十指有上翘之状，又使两臂失去应有的掤撑之力；②两手在进行下一个向外分掌的过渡动作中，两肘出现上抬漂浮的状况，如此，两臂乃至整体的统一性会被破坏。

>>>

从外形上看，钩锉试力虽然只是两臂的屈伸，但实际上是整体的驱动。在两臂如锉前行时，要以两足、两腿为根，以腰、背、胸等上体部位动力，使之驱动两肩、两臂，再传动两腕、两掌向前推移；两掌似钩回拉时，同样也要以整体为动力，以躯干部位拉动臂腕归至原位。在整个钩锉试力的过程中，躯干部位的前移与后回的幅度大约六寸距离。

4. 钩锉试力的意念诱导法

王选杰恩师把大成拳的试力分为五个层次，即小乘、中乘、大乘、上乘和上上乘。在外整性力量训练阶段，一般仅进行前三个层次的试力即可。小乘的试力为"用意不用力"，即在身体放松的前提下，意想两掌若推水中一条大船，随着两臂的前行，缓缓将之推向远方，然后随着两腕的回拉，再使大船归至原位；如此能很好地感悟"出手如锉，回手如钩，力不空出，意不回空"之效能。中乘的试力为"力意相逆"，即随着两臂的推进，力量有前行之势，而意念则有后移之意，当两掌、两腕向后钩挂时，力量回拉，而意念前行。此种练法可使力量均衡，避免推手或实作中的力量绝对化。大乘的试力为"力意相随"，此时的试力要做到以意引力，以意催力，意到力到。

第三节 步法训练

一、摩擦步

摩擦步是大成拳基本步法，是提高身体平衡能力、协调性、灵敏性的关键步法。只要练好了摩擦步，其他步法就会融会贯通。

1. 两脚的起始位置

下肢保持矛盾桩的左丁八式，左脚向左平移三寸；左脚跟与右脚掌前沿要同处于一条直线上，即前脚跟位于直线之前，后脚掌位于直线之后；两脚跟位于正前方两条平行线的外侧，两脚掌与之各成约15°夹角；两条平行线的横向距离约六寸（图20）。要始终记着两脚的角度如何，不论两脚左右平移或前进后退，要始终保持其角度不变。

2.两脚的运行路线

右脚向内平移，使右脚尖距左脚跟约四指（三寸）距离（图21）；紧接着，右脚前掌向左脚跟斜向靠近，使右脚掌三分之一处位于左脚跟内侧（图22）；动作不停，右脚沿其角度方向向前迈出，使右脚跟与左脚前掌约半尺距离（图23），然后，右脚向外、向后弧形移动，使右脚落地于右侧平行线的外侧，脚跟仍位于身前直线之前，此时呈右丁八步（图24）。

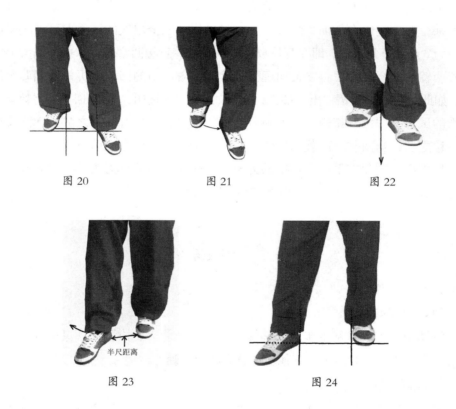

图20   图21   图22

图23   图24

半尺距离

左脚向前运步与右脚前行的动作相同，只是方向相反。即：左脚向内平移；左脚前掌向右脚跟斜向靠近；再沿其角度方向向前迈出；左脚向外、向后弧形移动，落地后成左丁八步。

两脚如此交替前行，不论哪脚在前，只需按"内斜前、弧形外"的技术要诀练习即可。

3. 平起平落

在长期形成的生活习惯中，人们抬脚时总是脚掌微向上跷，落脚时脚跟先着地。练摩擦步时，则要求不论抬脚与落脚，或者脚的前行和后移，都要保持与地面相平行。当两脚运行的路线熟练后，即可按平起平落的要领进行练习。由于这种走步的模式不同于自然的走路习性，开始时会不太适应。最容易出现的问题是难以把握平衡。在身体重心置于前腿时，只要将前腿稍弯曲即可。

4. 上肢的位置

将两臂左右分开，与自身约成60°，两手十指分开，掌心向下，整个手臂向前略呈较大的内弧形（图25），在两臂保持这样位置的前提下，配合下肢进行步法练习。

图25

要点：在练习摩擦步时，周身要放松，两眼平视，整个动作要缓慢、均匀、轻柔。两脚在分解练习时，是按照"内斜前、弧形外"的直角模式进行内移、前行或外移的，但连贯起来从外形上看则是弧形的，即"练时直，观为弧"。

在进行后退摩擦步练习时，其方法与前进的练法类似，即内、后、斜、外模式进行。

5. 摩擦步的意感调配

设想站在宽阔的水面之中，水深略过脚面，水面非常平静，我在水面前行或后退的过程中，仍要保持水面不会产生丝毫的波纹，这样就必须要求走摩擦步的动作要缓慢、均匀、轻盈。

设想在逆水中行进，体会水的阻力作用。

设想在稀泥中行进，体会泥的阻力作用和黏性作用。

设想身体与周围的空气相摩擦，以此体验周身运动的整体性。

设想前后走步时，身上似有无数毛孔延伸出细丝韧线，然后由此牵拉着水面的大船，缓慢移动。

6.练习摩擦步的意义

有人可能会问,摩擦步属于慢步练习,怎能用于技击呢? 此话确有一定道理。如果仅从攻防的角度讲,看似用途不大,当你进攻对方时,如果慢慢腾腾地走过去,对方早就跑掉了;对方打你时,你磨磨蹭蹭地撤步,早就被打了。但是,即使如此,摩擦步的重要性仍不容忽视。

(1)摩擦步是重要的基础步法。只有练好了摩擦步,才能在此基础上衍生出多种直接用于技击的步法,如三角步、横步、踩步等。这些步法熟练后,就可组合为多种实战步法,然后进一步过渡至自由之步和非法之步。这两种步法是最实用、最高级的技击步法,尤其是非法之步,更是一种看起来什么步都不是但又包容了诸多步法之步。

(2)走摩擦步可锻炼平衡,求得稳固性,同时又能很好的体会周身的整体性。在推手或实作中,如果自身的稳固性坚如磐石,才不会被人击出或放倒,才能有资格将对方击出或放倒;假如自身平衡能力差,本来要以膝法或腿法进击对方,结果一抬腿,别人没事自己却先倒下了。可见稳固性和平衡能力是何等重要。

体验方法:如果我左脚着地时,身体重心全部落于左腿,在右脚向前走摩擦步过程中,可以体认自身的稳固性和平衡性;在我右脚落地、身体重心由左腿缓缓转移右腿的同时,要体会自身是否松沉、是否沉实、是否具有整体力存在。

(3)通过单腿支撑地面的走步锻炼,可增加下肢的打击力度,不论是脚蹬、前踢,还是侧踢、膝撞,均会大大提高打击效果。

摩擦步还具有很高的养生价值,尤其对高血压、神经衰弱、失眠等有较好的疗效。

二、横 步

1.横步的练法

两脚平行而立,与肩同宽,两臂左右分开,与自身约成60°,两手十指分开,掌心向下;然后将身体重心缓缓移到右腿胯部,左脚横跨一步,重心移到左腿胯部,右脚向左随之跨一步(图26~图28);右脚落地后,再抬起,向右横跨一步,重心移到右腿胯部,使左脚再向右随之跨一步。如此两脚交替练习,要注意始终保持两脚距离与肩同宽。

图 26　　　　　　　　　图 27　　　　　　　　　图 28

意感活动：设想两脚之间有一个橡皮筋，脚掌下踏有弹簧，体会橡皮筋的牵拉作用和弹簧的弹性作用。

（2）横步的攻防体验

横步可锻炼腿部力量，还能提高身体的灵活性，能退能进，能守能攻，还可绕敌之身侧而击之。当横步熟练后，即可进行进攻与防守的体验。

我两脚自然平行站立，对方以直拳向我进攻，我向左以横步的方式将其拳锋闪开（图 29、图 30）；同样，也可以向右横步的方式将其拳锋闪开（图 31）；或者，对方以直拳向我进攻时，我向左以连续的横步方式闪开；与此同时则绕其右侧，以左拳或右拳击打对方面部右侧（图 32~ 图 34）。

图 29

图 30

图 31   图 32

图 33   图 34

三、三角步

1. 单独的三角步练法

两脚平行而立，与肩同宽，两臂左右分开与自身约成 60°，两手十指分开，掌心向下，将身体重心移至右腿，左脚向左横跨半步，左脚落地后，将身体重心移至左腿；然后右脚向左前方迈步，落于左脚右前方，脚尖着地，成右丁八步（图 35~图 37），右脚向右后方退至原水平线，并将身体重心移到右腿，左脚向右前方迈步，落于右脚左前方，脚尖着地，成左丁八步（图 38~图 40）。

>>>

图 35　　　　　　　　图 36　　　　　　　　图 37

图 38　　　　　　　　图 39　　　　　　　　图 40

2. 三角步与上肢的配合练习

先站成左式丁八步，左手置于左胯前上方，掌心斜向后下方，右手置于右肩右前方约一尺距离，掌心斜向前下方，我左脚向左后方撤步与右脚成八字步，右脚向左前方上步至原左脚位置，成右丁八步。与此同时，左手经身前由左向左上方弧形运动至左肩左前方约一尺距离，右手经身前向左下方弧形运右胯前上方，掌心斜向后下方（图 41～图 43）。

右脚撤步至原来位置、左脚上步至原丁八步位置，此时下肢为左丁八步。在此过程中，左手经身前向左下方弧形运动至左胯前上方，掌心斜向后下方，右手经身前向右上方弧形运动至右肩右前方约一尺距离（图 44～图 46）。

29

图 41　　　　　　　　　图 42　　　　　　　　　图 43

重心移至
右腿
①

②

图 44　　　　　　　　　图 45　　　　　　　　　图 46

然后，依上述方法反复练习。

由于两脚运步的方式是三角形，故名"三角步"。而且，该三角形为等边三角形：即两脚的横向位置与丁八步前脚的位置之间是一个等边三角形。

3. 三角步的攻防体验

在技击中双方都是以丁八步的方式相对的，而三角步则总是以丁八步的模式交替变换的；两臂不断地在身前弧形运动，既可防守，又可进攻。

左丁八步自然站立，对方以右拳向我中线击来，在我左脚撤步、右脚上步

>>>

成右丁八步的同时，左臂以由左向右、再向外弧形运动的方式化解对方拳锋（图47、图48）。或者，右臂以由右向左、再向外弧形运动的方式化解对方拳锋（图49、图50）。

当我以右丁八步站立，对方以左拳击来时，我也可按照上述类似的方法化解对方攻势。

图 47

图 48

图 49

图 50

<<<

单纯的三角步防守训练熟悉后，可以进行守中有攻的练习。

【练习1】我左脚在前与对方相对，对方右拳打来，我再撤左脚、上右脚成右丁八步之际，左臂以三角步弧形运动的轨迹挡开对方右臂，右拳则以迅雷不及掩耳之势击打对方面部（图51~图53）。

图 51   图 52   图 52

【练习2】下肢仍为左式站立，只是对方右拳打来时，在我撤步后变为右丁八步的同时，右臂以三角步弧形运动的方式向右下方缠化对方右臂，左拳则向前击打其右侧耳根部位（图54~图56）。

图 54   图 55   图 56

>>>

四、垫 步

1. 垫步练习

两脚呈丁八步，左脚在前，右脚在后，两臂抬起，两手置于心窝前方；两手与自身约一尺距离，手心斜向前上方，十指斜向前上方，然后身体重心缓缓移至右胯部位，左脚虚起，向前进半步，重心变换至左脚，右脚随之跟半步（图57~图59）。如此反复练习。

图 57　　　　　　　　　图 58　　　　　　　　图 59

此为左式的练习，右式的练习与此动作相同，方向相反，也可做类似后退的垫步练习。

要点：练习垫步时，可设想双脚踩在棕垫上，每踩一步，体会垫子的弹性力量；或设想我两腿两脚有无穷的力量，每进一步，欲使地面踩之有痕，踏之有坑。

2. 垫步体验

垫步又称"小踩步"，各种搏击术都有这种步法，只是称谓不同罢了。比如，散手将此步法称为"前进步"或"后退步"。该步法可提高实战过程中的整体性，若用于放人，配合小踩步效果更佳。实作时应用此步，攻可进，退可守。

（1）整体性体验

我双手触及对方胸前，下肢以垫步方式向前走步，让对方感到有笃实的整体力存在，以致被逼重心不稳而连连后退。

（2）进攻性体验

对方以格斗式的形式位于我三米开外的地方，我以前进垫步的方式尽快地冲到对方身前。

（3）闪退性体验

我与对方相距1米左右距离，对方以迅猛的拳法向我击来，我则以后退垫步的方式快速地撤离。

第四节　力量引发与发放

一、力量的引发

站桩是力量的蓄积阶段，而试力和步法则使具有松沉性与整体性的力量进行初步体验。欲使这种具有"内劲"特征的力量得以真正的发挥，就必须进行发力训练。而发力的诱导练习是力量的引发，发力的效果验证是放人。

力量的引发又称为"辅助动作"，易学易练，人人都能掌握。此项辅助性练习实际上就是两臂的前后甩动。这是李照山先生在长期的练拳过程中得到的最深刻的一个经验。辅助动作虽然简单，但意义重大，实用价值很高。它除了使在空间延伸的劲力能以整体的发放或瞬间爆发外，还可由此衍生很多的技击方法。

1. 操作方法

下肢呈丁八步，两臂置于体侧，两掌心向后，整体放松。先使两臂向上向前甩动，至两掌高度过头，两掌横向约一头距离，两掌心向前或斜向前下方；动作不停，再做向下向后的反向甩臂动作，至两掌置于体侧稍后方，两掌心向后（图60~图62）；如此反复操练。

2. 要点

两臂不能伸得太直，要尽量保持适当的弯曲度；甩臂的幅度要尽量大。但向上甩至过头高度后，不能继续后甩使之超出身体面；甩臂的速度要足够快。

图 60 　　　　　　　图 61 　　　　　　　图 62

3. 意念诱导

若在室外练习，可将视线前方的高山或楼塔作为目标，随着两臂的甩动，意感两掌能触及这些目标物体；或者假如你在河南信阳面南站立，可随着甩臂的动作，意感两掌甩至远方的武汉、长沙、广州甚至海南等；若在室内练习，可随着甩臂的动作，意感两掌穿墙而出。

4. 辅助动作的效应

此项操作虽然要求身体放松，但随着幅度较大的快速甩臂练习，整体的松沉感会增加，而且这种松沉感会逐渐地向两臂、两掌传导，两臂会产生明显的灌铅感，两掌会产生明显的增厚感。此时，若将一人手臂置于我身前，当我所甩之臂触碰至对方手臂时，对方会感到我之手臂如绵里裹铁之沉重。

5. 辅助动作的甩人练习

让一拳友站我身前，我仍进行有人当无人的甩臂练习，当甩至两掌触及对方胸部时，对方即被我整体的松沉之劲甩放而出（图63~ 图65）。

在甩放过程中，要把握好双方的距离感。如果距离太近，两臂就甩不开，假若离对方较远，又够不到对方。当然，练到一定程度后，利用甩臂动作进行放人就不会受此因素影响：距离太近可在甩臂于无形之中将对方放出；离对方稍远时，可通过步法调整于瞬间至其身前将其放出。

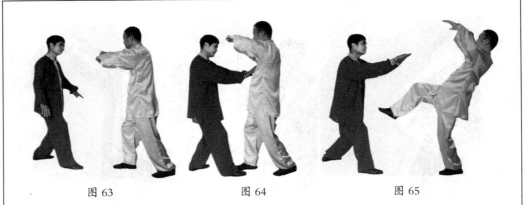

图 63   图 64   图 65

　　但在初始练习阶段，务必要控制好与对方的距离。这个标准是：将两臂向前伸直时，正好能触及对方身体为宜。即使如此，也会因为身前有人而难以甩开的感觉。但是，由于肘关节具有高度的灵活性，因此，通过控制两臂的伸曲度仍能较好地完成甩臂动作。

　　对于初学者而言，在应用甩臂动作放人时，效果往往不是太好，可能是以下三个原因所致：①周身松懈，没有把沉重充实的力度带出，给对方软绵绵的感觉，无法将对方甩出；②在我两掌接触对方时，突然胳膊发紧，两掌有意撞击对方，而不能使内劲溢出；③改变了力的方向。

　　正确甩臂动作的方向是：以 45°角度抛物线的轨迹向前上方抛出，可在接触对方时，无意中改变了力的方向，即将抛物线的方向变成了单纯向前推动的方向，无法使自然的本能之力得到最佳发挥。

二、体验整体力

1. 动作练习

　　在辅助动作的过程中，甩臂的幅度越变越小，速度越变越慢，此时，要在慢中求体会，在甩臂的微动中找松沉整劲之感觉。最后，当幅度变化的范围很小时，就可直接进行固定模式的整体力体验。

　　两手置于胸前约一尺距离，两掌心斜向前下方，十指斜向前上方（图66）；整体放松，两掌在我整体重心的引动下先做向下向后的回拉动作，使两掌与自身约半尺距离（图67）；紧接着，后腿向上略起，使两腿弯曲度适宜，身体重心由原来的前三后七变为前后各五成，两掌在周身松沉整劲的驱动下，向前上方飞进而出，至两臂快要伸直为止（图68）。然后，以此模式再做下一个回拉与前撞的动作。

图66　　　　　　　　图67　　　　　　　　图68

2. 基本原理

此动作包括两个过程，即向下向后的回拉为蓄力，向上向前的推撞为放力（发放整体力）。在蓄力过程中要保持身体的整体、放松和沉重。只有这样，才能使力量蓄积的充分。在向上向前体验整体力时，不要做单独的两臂伸缩动作，务必要在所蓄之力的催动下将两臂、两腕、两掌撞出。需要注意的是，蓄力只是过渡过程，而放力才是体验的目标。因此，每当蓄力动作完成后，不能出现动作上的滞顿现象，必须立即将所蓄之力发放而出。每当发放之力完成后，可做休整性停顿，其目的就是感知一下所发之力是否丰满、松沉和整体。

3. 体验方式

为了增加整体力的体验效果，在实际训练过程中，可采取以下两种方法。

（1）在做蓄力动作时，好似坐在某一车内的座椅上，然后体会车由静止至发动之情景。我们都有这样的乘车经验：在汽车或火车由发动至运行的瞬间，人总是不由自主地有后移之感，尤其是站在公交车上，车身的启动会使重心不稳而后倒。在蓄力过程中，就是要体认整体后移和下沉的惯性，其状如车身之初动。在做放力动作时，则如行进的汽车前方遇有障碍物或有行人横穿路段，司机不得不急踩刹车，此时乘车者的身体会惯性地前移。若能在发放整体力的过程中具有如此自然的惰性作用，虽然从外形上看似无力，但其笃实的整体特征非常明显。

（2）意感臀部坐有弹簧，背后靠有弹簧，在我向后向下做蓄力动作时，要有使弹簧回缩之意，由于弹簧的弹性作用，在我向上向前体验整体力时，好似弹簧的弹性将我弹出。

三、整体力的放人体验

虽然放人不是技击的目的，但通过放人练习可有效地检验整体力的大小和应用效果。在武术中，有打人容易放人难之说。实际上放人亦为技击方法之一，所不同的是，它是在不伤害对手的前提下，以发放之力使对方跌出。其意义还在于当与朋友较技试手时，不必使用穿透性力量击打对方，仅以放法的应用即可分出高下。此外，在非拼命性的技击中，其目的是有效地控制对手，而不是将其致伤致死，若仅以放法即能消灭对方气焰，岂不更好。

影响放人效果的因素包括自身劲力的大小和被放者的稳固性。自身力量的因素固然重要，但若能在放人时设法破坏被放者的身体重心，使之失去稳定性因素，就会收到事半功倍之效。

1. 整体放人法

此法是最基础、最重要的放人之法，其他很多的放法都是建立在整体放人法的基础上。只要方法得当，安排合理，短期即可得到这种效果。

（1）空练法

先摆好基本的预备式状态，下肢成丁八步（左右式均可，以下均以右式为例），两腿略弯曲，两掌置于胃部前方约一尺距离，十指斜向前上方（图69）；右脚向前进半步，在我右脚落地的同时，身体重心下沉，两腕自然呈现塌掌状态（图70），左脚垫步上前，保持原丁八步的距离，与此同时，上身略有直起之势，并将整体之力自然向前发出（图71）。

（2）放人法

两掌的指端轻搭于对方胸部，然后，右脚向前进半步踏其裆前部位，两掌下塌以掌根触及对方胸部；由于我整体的催动作用，必使对方重心不稳而趔趄后移，此时，我两腿直起，以整体之力将对方放出（图72~图74）。

>>>

图 69   图 70   图 71

图 72   图 73   图 74

要点：在我掌根触及对方之际即为蓄力过程，此时两臂要保持一定的弯曲度，以便有回旋余地；之后不要停顿，必须立即发放；发放时，周身要前撞，两掌意要远。

2. 旋动放人法

（1）空练法

按放人的预备式站好，左掌略呈斜立状态，右掌左摆，五指斜左上方，两掌心斜向前下方（图75）；在腰胯的带动下，上身右转，两掌做顺时针的旋转动作，待两掌再次转至身前时，十指均保持斜向前上方的状态，同时身体重心略呈下沉之势（图76），然后，两掌如搭一物，迅速以整体之力将该物发出（图77）。

| 图 75 | 图 76 | 图 77 |

（2）放人法

当我感到仅用单纯的整体力难以将对方放出时，即可采用此法。先以旋动放人的空练模式将两掌置于对方胸部，然后，两掌向右下方以弧形运动的方式旋拨对方上体，使对方重心向右偏移而不稳，此时，我周身下沉，待蓄足饱满笃实劲力之后，即起身将其放出（图78~图80）。

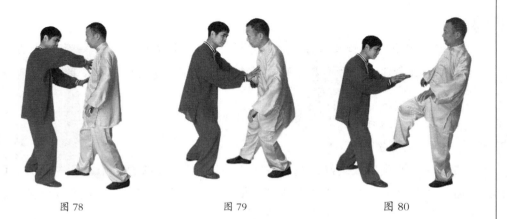

| 图 78 | 图 79 | 图 80 |

>>>

要点：当对方发生位移时，自身的步法要跟上，其目的是死死地缠着对方，使其不能逃脱；当对方因我的旋拨而不稳时，我发放的动作一定要及时，以免对方调整重心而重新站稳。

3.弹抖放人法

（1）空练法

先站成基本的预备式（图 81），两手如按弹簧，然后快速地以弹抖之力挤压弹簧两次后，身体重心要有松沉之状，两掌微向后收（图 82），此后再以整体之力向前发出（图 83）。

图 81　　　　　　图 82　　　　　　图 83

（2）放人法

两掌触及对方胸部，先做快速、多频的弹抖动作，以撞动对方重心使其失去平衡；然后我周身下沉，并迅速以沉重的圆整之力将其放出（图 84~图 86）。

要点：整个弹抖和发放要协调连贯，当对方重心不稳而后撤时，必须配合步法及时跟上，及时发放。

图 84   图 85   图 86

4. 转动放人法

顾名思义，该法就是在使对方身体发生转动的前提下，再施以发放。

（1）空练法

按基本的预备式站好后，两臂外旋，掌心相对或斜相对（图87）；两手如按磨盘两侧，以腰为轴带动两臂先向左转动，再向右转动（图88、图89）；我上身略做蓄力调整后，即以整体之力将磨盘撞出（图90、图91）。

图 87   图 88   图 89

图 90　　　　　　　　　　　图 91

（2）放人法

我欲用整体力发放对方时，若对方重心较稳固，我迅速使两掌作用于对方上身，然后以转动磨盘的方式先使向左转动，再使向右转动，对方会左右摇摆而失去重心，我趁机周身下沉，蓄足劲力，以整劲将其撞出（图 92~ 图 94）。

要点：应用此法时，两掌的转动要以两臂为杠杆，务必使其左右晃动；若对方撤步，我立即以踩步踏其中线部位。

图 92　　　　　　　　　图 93　　　　　　　　　图 94

5. 叉臂放人法

（1）空练法

在放人预备式的前提下，两臂外旋，两掌变空握拳状（图95），左臂在上右移、右臂在下左移使之在身前呈交叉状（图96），然后，两腿略弯曲，上体向后向下做蓄力式回缩动作，再以两前臂外侧为力点，向前骤然发放整体之力（图97）。

图95   图96   图97

（2）放人法

在我放人时，若发现对方有意化解我力或左右躲闪，我立使两臂交叉，以卡住对方上身，并左右摇摆对方上身，使对方难逃我之天网，趁对方受我控制之机，再以两臂为力点将其放出（图98~图100）。

要点：当我发现对方欲以转身动作化解我力时，我叉臂动作务必要快，使之难有逃脱机会；假如对方欲以后撤之势化解我力，在我卡住对方上身之后，必须进步跟上，此时发放对方必使其跌至更远。

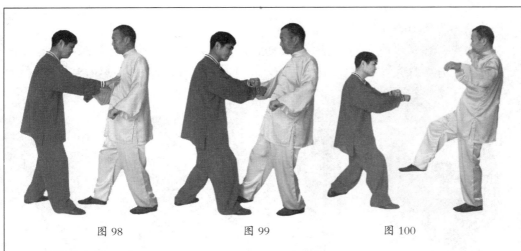

| 图 98 | 图 99 | 图 100 |

6.踩步放人法

（1）空练法

空练的动作很简单。先站成放人预备式（图101），下肢连续不停地向前走踩步，当感到哪一次前脚落地最为顺当之际，即向前将整体力发出（图102）。

图 101

图 102

（2）放人法

如果发放对方难以奏效时，则不必在意，立即以踩步之势向其中线踏进，每走一次踩步，即以惰性之力摧动对方一次，连续的踏进会迫使对方连连后退，当其重心最为不稳之际，以最后一个踩步直插其裆前部位，并以最充足的整力将其放出（图 103~ 图 105）。

要点：在踩步放人的过程中，要防止对方向左右闪身，因此，踩步时要步步逼近；万一对方有了闪身的机会，我应立即改变力的方向，顺势而发之。

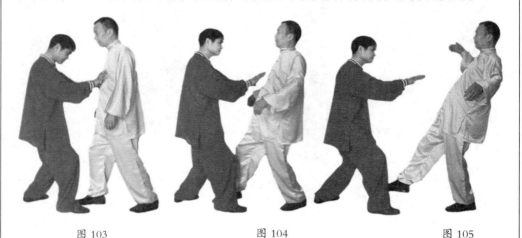

图 103   图 104   图 105

7. 三角步放人法

（1）空练法

先按基本预备式站好（图 106），将身体重心移至左腿，右脚略向后撤步，待此脚落地后，左脚向前迈步，并使足尖点地成左丁八式虚步（图 107），此时我周身松沉，蓄足稳实之整劲，再迅即稍有起身，向上向前做冲撞动作（图 108）。

图 106   图 107   图 108

>>>

（2）放人法

发放对方时，若对方后脚支点很稳，我立即撤前脚而上后脚，插敌裆前中线部位，如此可改变作力的方向，使其失去后脚的支撑作用，待我两脚站稳后，周身微沉，并迅速以自然之整劲将其撞出（图109~图111）。

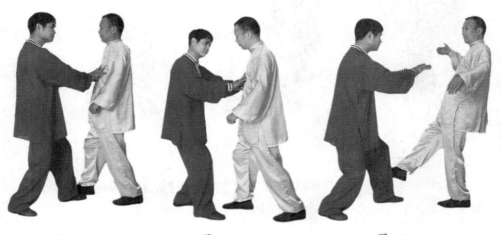

图 109　　　　　　　　图 110　　　　　　　　图 111

要点：需要注意的是，此过程中的三角步并非正规的三角步，其目的就是调整最佳的发放位置，使被放者失去后腿的支撑。因此，当我撤后脚时，实际上只是偏外稍后的撤步。

8. 绊腿放人法

当对方具有一定功底不易放出时，则可采用走内圈绊腿和走外圈绊腿两种方式进行放人。

（1）走内圈空练法

先站放人的预备式，右脚向外偏后横移半步（图112），同时，上身略向右转，两手微呈后带之势。然后，我将身体重心移至右腿，左脚向内再向前向外弧形迈一大步成左丁八步，脚跟离地，略向外撇（图113），上身微向左转，两掌向前做撞击动作（图114）。

图 112　　　　　　　　图 113　　　　　　　　图 114

（2）走内圈放人法

我右脚稍向右跨步，左脚向前迈步至对方右脚内侧，脚尖着地，脚跟外撇，以绊其右腿，两掌向前以自然整劲推放对方，使其跌出（图115~图117）。

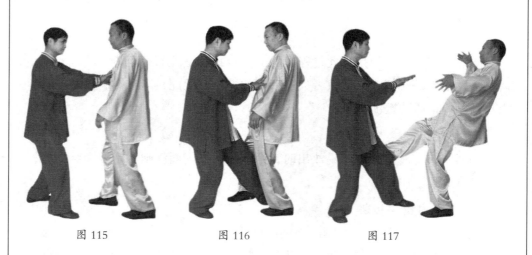

图 115　　　　　　　　图 116　　　　　　　　图 117

（3）走外圈空练法

先站放人的预备式，左脚向外稍做横步（图118），在我上身略向左转同时，将身体重心移至左腿，右脚向内做顺时针的弧形运步成右丁八步，脚跟离地，略向外撇（图119），上身微向右转，两掌向前做撞击动作（图120）。

图 118　　　　　　　　　图 119　　　　　　　　　图 120

（4）走外圈放人法

我左脚先向左跨步，再使右脚向前迈一大步至对方右脚外侧稍后方，以右脚跟部位勾绊其右腿，两掌向前以自然整劲推放对方，使其跌出（图 121~图 123）。

要点：此种发放利用了杠杆原理。因此，不论是由内或由外绊腿，脚尖扎地犹如生根，脚跟要呈抬起状，只有这样，才能死死地绊住对方小腿使其不能位移。假如对方要撤出，就必须抬高前腿而重心不稳，反而更易被放出。

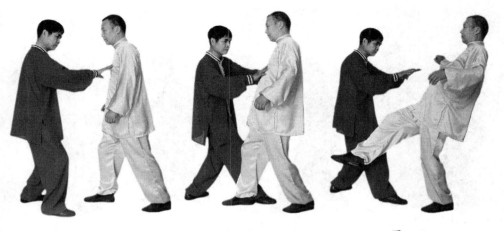

图 121　　　　　　　　　图 122　　　　　　　　　图 123

9. 铲腿放人法

（1）空练法

站好右式的放人预备式，将身体重心移至左腿，右脚抬离地面，以脚掌内侧先向左后方做铲踢动作，然后再做反方向的铲踢动作（图124、125），右脚落地后，周身松沉，两掌向前快速地发放整体力（图126）。

图 124　　　　　　　　图 125　　　　　　　　图 126

（2）放人法

我右脚脚抬起，先以右脚掌内侧向左后方勾扫对方右腿，待其重心稍有失稳之际，立即以右脚掌外侧反向铲踢对方左腿，使对方重心再次失衡，当我右脚落地后，迅速以周身自然整劲将其放出（图127~图129）。

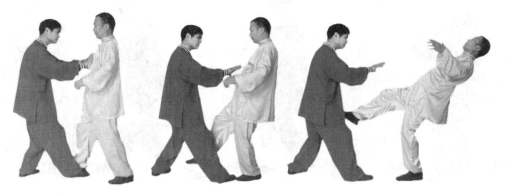

图 127　　　　　　　　图 128　　　　　　　　图 129

>>>

要点：由于在铲腿的瞬间只是后腿支撑地面，因此，前腿勾扫与铲踢的速度必须要快，落地要稳。否则，在我单腿立地之际就会被对方利用，反而被对方放出。

10.拉腿放人法

（1）空练法

站好放人的预备式后（图130），两腿弯曲，重心下沉，左臂边外旋边向外进行逆时针运动；左掌由下运行至胃部正前方约半尺距离时，使掌心向上，五指斜向右前方（图131）；然后我上身直起，周身之力如盆中之水骤然向前泼出（图132）。

图 130　　　　　　　　图 131　　　　　　　　图 132

（2）放人法

放人时，若感到对方下盘较为稳固，我立即屈膝立身，使左手下滑，并由外向内向上提拉对方右腿，右手仍触按对方胸部，然后两脚蹬地，上身直起，向前以圆整之力发放对方（图133~图135）。

要点：在我提拉对方前腿时，不要过于弯腰，以防止对方以拳或掌根下砸我背部。而且只要出现稍有拉动对方的迹象，就立即施以放法。

最后需要说明的是，不论使用何种放法，必须遵循基本原则：①自身要有一定的整劲和内劲效果，才能具有放人之资本；②下肢要有较强的稳固性，只有自身重心稳定，才有可能不被人放出，才能谈得上放别人；③身法步法要灵活，这样，当对方身形有所变化时，亦能随之变化，如果对方力量作用于我，也可通过身法的变化来化解对方力量。

图 133　　　　　　　　图 134　　　　　　　　图 135

第五节　力量在技击中应用

在武术中，任何形式的劲力都是为技击服务的，而技击则是体验劲力效能的最佳途径。

一、单操手

所谓单操手就是技击的单式操练形式，这些单式在拳术中又称招式。事实上，种类繁多的武术套路都是由不同的单式所组成。不同的拳术对某些招式的称谓虽然不尽相同，但其内涵基本相似。在大成拳中，单纯性技击手法很多，但实际上只要能掌握其中最基本的几手，即能满足需求。须知，拳艺在精不在多，更在于熟能生巧，举一反三，善于变化，以一生十，神出鬼没，出手无常。因此，对于初学者而言，可以重点儿学练以下四种单操手的练法与应用。

1.圈 捶

在大成拳的功法中，圈捶是最为常见、最为实用的技击方法，此法易于进攻，易于变化。

>>>

（1）圈捶的分解练法

为了更好地掌握此种技法，首先要进行圈捶的分解练习。下肢呈丁八步（以左式为例），左臂置于体侧，左手空握拳，右臂屈曲置于身前，右手空握拳，护住下颏，拳眼与左肩斜相对，拳心向下，拳面斜向左前方（图136）；左拳由体侧向上抬起后，向右击出，使之位于头部左前方，左臂似直非直，拳心斜向前下方，拳面斜向前上方（图137、图138）。

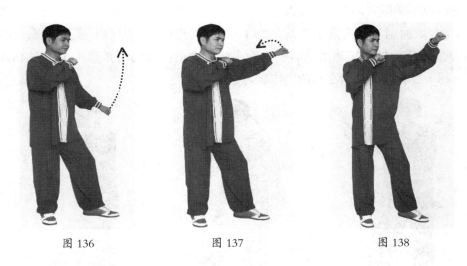

图 136   图 137   图 138

此动作是分两次完成的，熟练后，即可进行一次性的左圈捶练习：即左拳由体侧直接向上、向右、向前弧线抛出。依此法可进行右圈捶的练习。

通过分解动作练习，可以避免圈捶的操作错误。不少人在练圈捶时，总是习惯将圈打的拳直接由下至上而出，从外形上看，既像钻拳，又非钻拳，既像摆拳，又非摆拳，完全体现不出"圈"所具有的弧线轨迹。圈捶的运行之所以是较大的抛物线轨迹，其目的是为了更好地配合上身的转动将周身整劲甩带至手臂。我们可以通过下面的体验来说明这一问题。

拳友与我相对站立，将一掌立于身前，我以圈捶击打其掌心。当我不按正确的圈捶击打时，除了自己感到胳膊发紧外，对方也会感到击打的力度不大；当我以整体性的力量圈打抛拳时，不但自己手臂有沉重之感，被击者的手掌会出现钻心的疼痛。此时，我也可在圈捶的模式下，并不以拳击之，仅用前臂轻轻带动对方一下，对方就会感到有强大的整体力袭来，甚至有被挂倒的感觉。

（2）圈捶的完整练法

掌握了分解动作，就等于熟知了两臂的运行路线。此后，即可进行完整的圈锤练习。下肢动作不变，两手空握拳，左臂呈钝角，左拳置于头部左前方，呈出击状，右拳护住下颏，两拳相距约一尺距离。此种状态为左式格斗式（图139）。左拳回拉约半尺距离的同时，右拳下落至体侧（图140）；左拳继续回拉至颏前，拳眼斜向右肩，在此过程中，右拳由体侧向上向前向左弧线抛出（图141），此时则为右式格斗状态。然后，右拳略往回拉，左拳下落至体侧，在我右拳继续回拉护住下颏的同时，左拳由体侧向上向前向右弧形击出（图142、图143）。如此两臂做交替的圈锤练习。

图 139   图 140   图 141

图 142   图 143

（3）圈捶的模拟性对靶训练

圈捶主要用于圈打对方头部两侧及耳根部位，若位于敌侧，可进攻对方面部或后脑部位。训练时，意中有敌，以我两拳轮番击打意中之敌。圈捶空击熟练后，即可进行模拟性的对靶训练。

①让拳友站我身前，两手戴上拳击手套，两手靠拢，高与头齐，我以圈锤击打对方戴有拳套的双手。

②对方双手在空间移动或躲闪，我用圈锤击打对方运动的双手。

③对方戴上散打的护头，并进行躲闪，我用圈捶击打对方头部。

2. 炮　拳

所谓炮拳，意为所击之拳如重炮出击。炮拳的作用比较直接、快速，可打击对方脸部、颈部。对于圈捶而言，是先由慢中找感觉。而对于炮拳来说，则可先于快中求体会。通过快速的弹击动作可体验两臂收缩的力度感，然后可在慢练的过程中感受周身力量的协调性。

（1）快速的炮拳体验

下肢站成右丁八步，两拳呈右式的格斗状态（图144），右拳先向前做快速的弹击动作后，立即向后回弹至下颏部位，与此同时，左拳以重炮之势向前弹出（图145、图146）。此后的练法主要有两种。

图144　　　　　　　图145　　　　　　　图146

第一种，将两拳两臂恢复至原来的右式格斗状态，重复上述练习即可。

第二种，在我左炮拳弹出之后，即以此状态为起始点（图147），左拳向前做快速的弹击动作后，立即向后回弹至下颌部位，与此同时，右拳以重炮之势向前弹出（图148、图149）；然后，再做右拳与左拳的连续弹击动作，如此反复练习即可。

图147　　　　　　　　图148　　　　　　　　图149

（2）慢速的炮拳协调性练习

在快速练习的基础上，以右式的格斗式为起始状态（图150），在我上身稍向右转的同时，左拳向前击出，右拳回收护住下颌，使两臂两拳保持左式的格斗式（图151），然后，随着上身的微向左转，使左拳回收护住下颌，右拳向前击出，使周身回归至右式的格斗式状态。上式模式循环练习即可。

若站成左式的丁八步，则为左式的炮拳练法，左式练法与右式练法相同。

慢速的炮拳练习既能使身法与拳法得以适当地协调，又具有很好的试力效果。从本质上讲，只要是有形的肢体延伸动作，即可看着试力。在慢练的过程中，如果身法与拳法能做到有效地协调，即可明显感到周身之力由腰背部位缓缓运达至臂部和手部。如此训练会使炮拳的力量逐渐圆满。此后再反过来过渡至快速炮拳操练。但这时的操练与先前的快练有着很大的不同。先前的快练其力量主要体验在两臂，而此时快速地击出炮拳，其力量则由整体而出，可充分体现出重炮的威力性。到了这个阶段，可设想自身前方有一棵大树，枝干粗壮，

图 150   图 151

盘根错节。我每发一拳如重炮轰击，大树随之被炸成碎段。

当炮拳练到收发自如的程度后，作为在前手的左拳或右拳，可由单次的弹击动作变为连续性地向前弹出。比如，初始的练习是在前手的右拳做一个弹击动作，左拳立即以炮拳击出。此时，可使右拳连做两个或三个弹出动作再使左拳击出。实作时，前手的连续弹击会使对手防不胜防。

（3）炮拳的模拟性对靶练习

①让拳友戴上拳击手套站在我身前，并将两手举起，我用炮拳连环击之；也可先用左拳或右拳弹之，然后再用右拳或左拳击之。

②对方的双手向左右摆动或向后移动，我寻找机会击其双手。

③对方戴上散打的护头，并进行躲闪，我用炮拳通过步法、身法调整，击其头部。

3. 扇 掌

（1）扇掌的定位练习

扇掌包括正扇与反扇，其练法如下（以右式为例）。

我下肢站成右丁八步，左掌置于右肩前约半尺距离，掌心斜向右后方；右掌高举过头，与右脚相齐，掌心斜向左侧前下方（图 152）；我上身稍向左转，右掌随之以肩跨之力向左下方做弧形的扇击动作，使右掌落于左肋前约半尺距离，掌心斜向左后方，五指斜向左下方（图 153）；动作不停，在我稍向右转身的同时，迅速使右掌弧形弹至原位（图154），然后，再做下一个扇掌动作，如此反复练习。左式的练法与右式相同，方向相反。

| 图 152 | 图 153 | 图 154 |

（2）扇掌的模拟性对靶练习

主动进攻：让拳友身穿护胸，戴好护头，我右掌用正扇掌击其左面部，再用反扇掌击其右面部；也可让对方进行躲闪，我用扇掌配合步法击打活靶。

被动反击：让拳友用右直拳向我面部击来，我用右式正扇掌，将其右臂扇开，并迅速地用反扇掌弹击其面部。

4. 金刚膝

（1）训练方法

下肢站成左丁八步，两手抬起高举过头，两手约一尺距离，掌心斜相对（图155）；左脚稍向前垫步，在我身体重心移向前腿的同时，将右膝提起，向前做顶撞动作，两手则如利刃，向下做砍击动作，使之落至体侧（图156）；我右脚落至左脚内侧，同时两手抬至原位（图157）；我左脚向前迈步呈丁八步，在将身体重心移至左腿的同时，右膝做前顶动作，两手做砍击动作，如此反复向前做金刚膝的动作（图158）。

当站成右丁八步时，练法与上述动作类似。

>>>

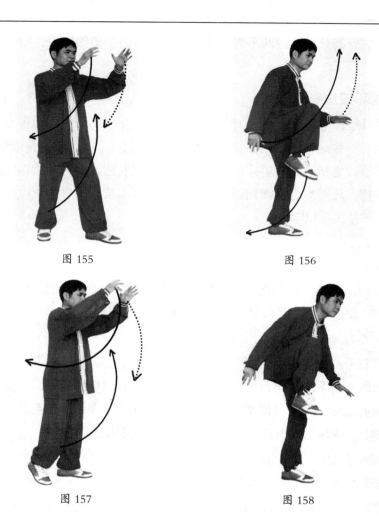

图 155

图 156

图 157

图 158

以上是金刚膝单式练法，也可进行左右膝的交替练法。当顶右膝、落两手之后，右脚向右前方落地成丁八步，同时两手上举过头；在身体重心移至右腿、两手向下做砍击动作之际，左膝向前做顶撞动作。依此法交替向前练习即可。

（2）金刚膝的模拟性对靶练习

①我站在一吊挂的沙袋前，用金刚膝不断地顶撞沙袋。

②让拳友身穿护具、护裆，我用两手卡其颈部；然后两手向下用力，用左膝或右膝顶撞对方裆部或腹部或胸部。注意，要控制好力度，不要伤及对方。

③我下肢站成左丁八步，让拳友用右拳直拳向我击来，我迅速两手上举，

左臂将对方右臂挡开；然后两手腕卡住对方颈部，向下骤然用力，同时提右膝撞击对方。

二、连环技法

单操手只是技击的单式技法，但在实际的搏击过程中，一招制敌很难奏效。这就必须要有一些组合招法相辅相成，只有连环出击，方能在千变万化的攻防状态中立于不败之地。欲使单式技法能灵活地相互变招，作为起始训练阶段，可设计一些切实可行组合动作加以练习，以形成真实技击的自动化应用。最常见的组合连环技法有以下几种。

1. 圈捶和豹形

下肢站成右丁八步（左式亦可），两手空握拳置于体侧，先打出左圈捶，再打出右圈捶，然后，两拳化掌向下做虎扑动作，此动不停，继续使两掌向前做撞击动作；此后，将两手恢复原位，依法做下一个连环练习。

2. 圈捶和炮拳

两脚为右丁八步（左式亦可），两手置于体侧呈空握拳状，左拳打出圈捶后回拉至颌前，右拳以圈捶击出；然后，右拳立即以炮拳向前弹出，在右拳向后回拉至颌前之际，左拳以炮拳之势向前击出。此后，左拳下行至体侧，再依次是左圈捶、右圈捶、弹右拳、击左炮拳。如此反复练习。

3. 圈捶和金刚膝

以左丁八步为起始动作，两拳空握状置于体侧，先打左圈捶，再击右圈捶；将两拳变掌，右腿抬起向前做金刚膝的顶撞动作，同时，两掌向下挂拉。然后，右脚落至原位，再做第二个连环练习。如此反复进行。

或者，也可使右脚落至右前方成右丁八步，此后的依次动作是：左圈捶、右圈捶、左金刚膝。待左脚落至身前成左丁八步后，再按类似的方法以右膝顶撞，如此反复前行练习。

4. 圈捶和劈拳

所谓劈拳就是两掌向前下方做劈打动作。如果是右丁八步站立，右掌高举过头，左掌置于右肩前约半尺距离，然后，两掌向前下方下劈打，此为正劈拳；两掌继续向左下方再向上弧形运行，使左掌高举过头，掌心向前，右掌置于左肩前约半尺距离，掌心斜向左后方；此动不停，两掌再向前下方劈打，此为反劈拳。圈捶和劈拳的连环练法的顺序为：先打左圈捶和右圈捶，再将两拳变掌击出右式的正劈和反劈。

5. 炮拳和扇掌

在左式格斗式的状态下，先向前弹出左炮拳，再打出右炮拳；右拳变掌，向左下方以扇掌之势斜劈，紧接着，右掌再以掌背向右上方反扇。此后，即可将身体恢复至原来的起始状态，依法做下一个炮拳和扇掌的连环练习。

6. 炮拳和金刚膝

下肢左丁八步，左拳在前、右拳在后呈格斗式状态，此后的操作顺序为：弹出左炮拳，击出右炮拳；将身体重心移至左腿，在两拳变掌向下砸挂的同时，右膝撞出金刚膝。然后，将身体恢复至左式格斗状态，依法做下一个炮拳和金刚膝的连环练习。

7. 炮拳和圈捶

先站成右式的格斗状态，右拳向前弹出后，左拳以炮拳之势向前击出；紧接着，右拳下行至体侧即打出右圈捶，在右拳回拉的同时，左拳下行至体侧并以圈捶的动作击出。此后的操作顺序为：弹左炮拳，击右炮拳，出左圈捶，打右圈捶。如此循环练习即可。

特别说明的是，连环技法包含了多种组合打法。这些打法不是机械的、孤立的组合，一经组合，即是一个整体，每一个连环动作，即是一个小的循环，这与其他拳的组合动作有着本质的区别。

第三章

松沉体验

松沉体验

　　松沉的概念包括两个方面，即放松和沉重。放松是对桩功状态下的肢体要求，沉重则是力量属性的一个特征。只有放松了身体，才会产生肢体上的沉重感和掤撑感。沉重感会稳固自身重心，以免被对手控制或击出；掤撑感会加强肢体在空间支撑效果。

　　就广义而言，任何桩功均具有松沉的作用。站养生桩要求身体放松是大家共识的，技击桩的矛盾桩讲究"肌松力掤"，但是，欲获取核心意义上的松沉，站松沉桩是最直接的途径。此桩法先产生定态定势的松沉，继之变为动态动势的松沉，最后成为实用性的松沉。可见，此步功法分为三个过程。

一、站松沉桩（定态定势训练）

　　当有了整体力的基础后，站松沉桩是重要的定态定势训练。松沉桩的桩式（以右式为例）：下肢呈右丁八步，右脚跟离地，周身中正，无矛盾桩的微向后靠之状，身体重心前四后六，或前三五后六五；两臂抬起，与肋间相齐，左掌在后，掌心向下，右掌在前，掌心向左；两掌前后错开约半手距离，横向之间与肩同宽（图159）。左式的站法与右式相同，只是方向相反（图159附图）。

图 159   图 159 附图

由于此桩是松沉桩，顾名思义站桩时应以松沉为主。此桩看起来简单，但真正做到松沉确实不易。所谓松是指躯干部位放松，所谓沉是指整体沉实。如果真正放松了身体，躯干部位的质量就会施加至下肢，这样就加大了腿部的运动量，使站桩的时间不会太长。假如站了很长时间仍感到比较轻松，那就说明练法不当。当站到2～3分钟就不能坚持时，就说明有效地做到了放松。腿部（尤其是左腿）所产生的累感或痛感，则正是表明机体在放松状况下沉实效果。此时，即可进行必要的调整。其方法就是把右式的松沉桩改为常态下的左式矛盾桩，使左腿得到适当休整。此时的矛盾桩不必考虑"肌松力拥"。腿部的累感消除后，可站左式的松沉桩。若2～3分钟后又产生了累的感觉，再将其改为右式矛盾桩加以休整，此后，站右式松沉桩。如此两种桩法交替练习。至于矛盾桩的休整时间，因人而异，一般能消除下肢的累感即可。

松沉体验所形成的上松下紧，具有双重意义：①下紧可使下肢具有很好的根基作用。如果没有强大的下盘做后盾，也不可能产生强大的威力。或者说，即使能产生那么大的力量，自身也承受不了。当然，这种根基作用还不是最主要的。②上松的结果可为下一步产生收缩性力量打下很好的基础。在力量的本质叙述中可知，肌群真正放松后，会产生极大的收缩力量。这才是问题的关键所在。

二、动态动势体验

当整体有了松沉的感觉后，可使这种松沉在空间得以活化，即为动态动势体验。其方法就是通过肢体的活动，把整体松沉的感觉带到肢体上。

1. 两臂进行左右的摆动

在摆动的过程中使整体的松沉之劲能贯通于两臂、两腕。此时的两臂从外在形式来看是轻柔的，就内在劲力而言，则是沉重灌铅的感觉。

2. 整体松沉体验

在松沉桩的基础上，下肢保持不变，或将丁八步的幅度稍向前向外放大，左臂外旋，两掌呈卷曲状，掌心向内（图160），整体的松沉略后移，使身体重心置于左腿，两掌自然回带至身前约半尺距离，紧接着，左腿蹬地，整体前撞，以躯干的松沉之劲使两臂、两掌向前撞动（图161、图162）。

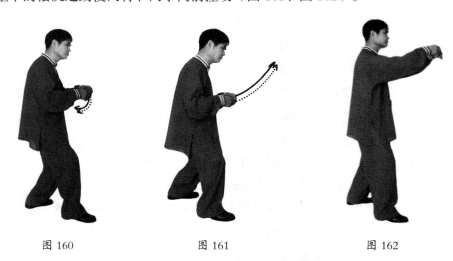

图160   图161   图162

需要说明的是，此时动态动势的松沉体验包含两个方面劲力体系，即基础功法中外整性的整体力，以及此过程的松沉之劲。

三、松沉效果检验

当劲力既外整又具有松沉属性后，即可实际检验这种双重劲力的作用效果。拳友站我身体左侧稍前方，我通过臂部的左右摆动，若能以松沉之劲将对

>>>

方甩出，即说明左右的松沉之劲有了效力（图163、图164）。

图 163   图 164

让拳友站在我身前，我以整体性的松沉之劲向前撞动，两手触及对方时，若能将其放出，则说明向前的松沉发放产生了威力（图165、图166）。

拳友站在我身前或身旁适当位置，通过周身乃至右臂的松沉驱动作用，以拳面轻轻置放于拳友的胸部，对方似有重锤砸来；或以拳背、掌背甩打拳友的胸部或臂部，对方会感到有绵里裹铁的物体击来，均以说明松沉之劲已能化作极强的穿透力。

图 165   图 166

第四章

聚积力量

蓄积力量

聚积乃成年累月一点一滴地累积之意。"积"有一个融合叠加逐渐增多，乃至由量变引起质变的过程。力量的聚积和蓄水过程有类似之处。当有水源不断向江、湖、河注入时，或由于雨水的汇集流入时，水面会逐渐升高，直至涨满。力量的聚积亦是如此，也有一个积少成多，不断强大的过程。

世上的任何事物均有矛盾的两个方面，而且这两个方面往往会相互转化。比如有白天就有黑夜，白天的渐进是傍晚，黑夜的终点是黎明。站桩包含松和紧两个矛盾的方面，它们之间在一定条件下亦存在相互转化的过程。放松至一定程度后会产生紧的感觉，此种紧感即为收缩，是力量的象征；瞬间的爆发力会使肌肉快速收缩，此后便自然放松下来。松沉桩的状态是上松下紧。此过程的下紧会使下肢直接产生力量，而上松的作用会使躯干部位以及上肢逐渐完成力量的聚积过程。

就外在形式而言，此阶段功法没有特别的要求，仍以站松沉桩为主。随着桩功的深入，奇怪的现象就产生了。本来要求的"上松"，则发生了向"不放松"转换。比如要求臂部或背部放松，但这些部位的某些局部则产生紧的感觉。在向湖里、河里蓄水时，湖底和河床不是

>>>

平坦的，而是坑坑洼洼。蓄水的初始，总是先把坑坑洼洼的水注满，然后这些坑坑洼洼的水再连成一体。力量的聚积与此有相似之处。

人体力量的来源是骨骼肌的收缩，这些不同部位的肌群就相当于湖底或河床的坑坑洼洼，欲使肌肉若一，就必须先使各个不同部位的肌群产生收缩。这些局部的收缩可能是背部、腰部、肩部或臀部，开始时，这些部位只能产生或多或少的、不连续的收缩。这正是在聚积局部的力量。这种现象站矛盾桩时也会产生。许多人站一阶段矛盾桩后，胳膊会有发紧、发胀的感觉，有的甚至出现站桩时间缩短的现象，有的人对此感到困惑，以为出现了偏差而不知所措，更有甚者干脆停止了站桩。实际上这是聚积力量的象征。各局部的肌群有了相当的收缩后，就会发生成片的通连，最后形成一种整体性的收缩感觉。达到一定程度后，只要稍微放松一下身体，就会出现整体性的松沉和收缩。此时，身体好像一块巨大的肌肉，能同时收缩以产生非常充实而又强大的力量。至此，即可视为力量达到了圆满阶段。这个阶段就相当于江河涨满了水。

力量的圆满阶段又可称为"内整"阶段。所谓"内整"，就是整体性的肌群融会贯通。此时，如果随便做一个胳膊的伸缩动作，从外表来看可能没有多大力量，也没有整体性的特征，但作用于对方后，对方仍会感到有很大力量存在。这是因为虽然是肢体的局部作用于对方，但其力源则来自肩部、背部、腰部乃至臀部的肌群收缩。这种收缩再通过内传导而贯通于手臂。

"内整"的过程亦是"大鞭体"的形成过程。按照运动生物力学的观点，人体的很多运动都符合"大鞭体"运动。人体比喻为鞭体，臀部作为鞭根，手腕部位作为鞭梢。臀部的肌群比较丰厚，可产生很大的动能，但其运动速度不会太快；手部肌肉的质量较小，但其运动速度很快。当臀部的动能传感手部后，可使手部产生很大的加速度，从而产生很大的打击力。比如，一个常人拿颗子弹向另一个人身上扔去，很难使之穿入人体而致命。但是，如果子弹通过枪膛而射出，其威力就可想而知了，这就是速度的作用。

在聚积力量的过程中，为了继续强化松沉效果，同时也是为了继续感知劲力的动态性，仍可适当地进行动态动势和检验性的松沉体验。随着力量的聚积，反过来又会加强松沉的效果。松沉的增强又会促进力量的聚积。松沉和聚力之间存在着相互影响、相互关联的作用。

第五章

顺势而试

顺势而试之体验

顺势而试之辅助

顺势而试之检验

　　所谓顺势而试，就是顺应力量聚积和发展的趋势进行试力。常规的试力如钩锉试力、蛇缠手试力等均有固定的模式。顺势而试则基本没有固定的模式。在王芗斋拳学的论述中，亦没有试力的具体模式，只是强调站桩有了相当基础后，"则应继续学试力工作，体认各项力量之神情，以期真实效用"。对于试力要求，王芗斋先生指出："初试以手行之，逐渐以全体行之。能认识此力，良能渐发，操之有恒，自有不可思议之妙，而各项力量，亦不难入手而得。"在谈到间架的要点时，先生明示："盖全体关节无微不含屈势，同时亦无节不含放纵与展开，所谓遒放互为，故无节不成钝三角形，且无平面积，尤无固定之三角形。"由此可见，真正的试力并无定态可言。当力量聚积圆满后，其隐隐待出之感非常明显，此时，可顺应其势的体验或强化这种力量的存在，这才是具有本质意义的试力。

第一节 顺势而试的三个过程

一、无意之自然试力

仍以蓄水为例。当河水或湖水蓄满后，如果仍有源源不断之流水进入，水必然会外溢而出。力量也是如此，通过站桩，力量聚集到一定程度后，如果再继续站桩蓄力，力量也会因满而溢。我们就应该顺应其势，以自然而然的方式试力。这种试力是真正的试力。比如，在站桩过程中如果有力量欲动之感受，就应该根据其趋势状态来感知它在空间的存在。如果它有前行的趋势，就将其做向前的引导；力量为后行的欲动就向后引导。这种试力是无意之试力。

二、有意之强化试力

为了强化试力的效果，或者说，为了有序地进行试力，也可在顺应其势的前提下进行有意的试力。

1. 单臂体验

即进行单臂的试力体验，下肢站松沉桩，上肢进行左臂或右臂的训练，即有意识地使力量做向前、向后、向左、向右等方位试力体验。进行这种试力时，一定要使整体性的肌群作为驱动的动力。

2. 双臂体验

两掌心相对，双臂先进行同向的试力体验，即同时进行前、后、左、右或其他方向的力量感受；也可进行逆向的试力练习，比如，左臂前行，右臂后移，或左臂上行，右臂下移，或两臂进行先外开再内合的练习。

三、辅助性的检验试力

此种试力是配合某些辅助性的动作进行试力。这种试力既能起到加强力量的作用，又能检验顺势而试的效果。辅助性的试力有三个阶段。第一阶段为基本动作练习，第二阶段为力量的检验过程，第三阶段是将试力的动作转化技击应用。

第二节 检验试力练习法

一、左右螺旋

以右式为例，在松沉桩的前提下，使身体重心保持前三五后六五的状态，两掌心变为斜相对（图167）。

右掌先向左下方、再向上运行至左肩前约半尺距离，掌心斜向左后方，五指斜向左下方；左掌随之向左下方至体侧约一尺距离，掌心斜向右后方，五指斜向前下方（图168）。

右掌向右下方弧形运行身体右侧约一尺距离，掌心斜向左后方，五指斜向前下方，同时，左掌先向上、再向右后方弧形运行至右肩前约半尺距离，掌心斜向右后方，五指斜向右下方（图169）。

右掌做向上、向前、再向后回收的弧形动作，使右掌再次回到左肩前约半尺距离，左掌随之向左下方运行至原来的体侧位置（图170）。此时，左右两臂各完成一个顺时针和逆时针的螺旋动作。需要说明的是，在左右螺旋的过程中，两臂两掌的运行轨迹是一个斜面的椭圆。左掌的轨迹是一个左下右上斜面椭圆，右掌的轨迹是一个左上右下斜面椭圆。按照类似的方法再做第二个左右螺旋动作。

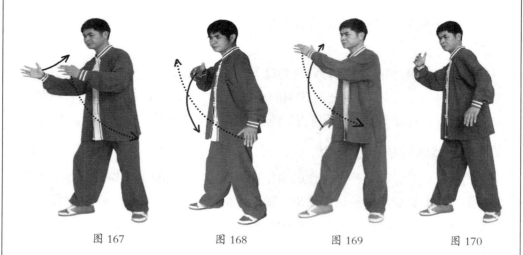

图167　　　　　　图168　　　　　　图169　　　　　　图170

>>>

二、挤压弹簧

起始状态的下肢与身体重心分配和左右螺旋相同，两臂略向上抬起，两掌高于胸部，两腕内旋，使两掌心斜向前下方，十指斜向前上方，意想前方墙壁上有两个弹簧，两掌分别置按于弹簧之上（图 171）。

两掌缓缓向前推进，意欲将弹簧挤压缩回，至两臂快要伸直为止（图172）。此后的练法有两种。

第一种：由于弹簧具有自动伸展的弹性，两掌随着弹簧向外展开，被动地缓缓向后回缩至原位；然后再做向前挤压和向后回缩的动作。如此反复练习即可。

第二种：两掌向前挤压后，稍做下落动作，使之与胃部同高，再使两掌慢慢回拉至胃部正前方约七寸距离（图 173、图 174），在此过程中，意感两掌下落离开弹簧后，弹簧会自然向外展开。

两掌向上抬起，高于胸部，使两掌根再次置按于弹簧之上，然后，两掌继续向前做挤压弹簧的推进动作。如此反复进行。

图 171　　　　　图 172　　　　　图 173　　　　　图 174

以上是两掌同时挤压弹簧的练习。另一种是两掌挤压弹簧的交替练习。即当两掌处于挤压弹簧的起始状态后，左掌不动，右掌向前做缓慢的挤按动作，至右臂快要伸直时为止（图175）；右掌稍做下落后，再缓慢向后回拉，使之处于胃部偏右约为七寸的位置；同时，左掌向前做缓慢的挤按动作，至左臂快要伸直为止（图 176）；然后再做回拉左掌、推按右掌的练习。如此反复练习。

　　需要说明的是，无论两掌同时或交替地挤压弹簧，除了第一种直进直回的练法外，其他练法的两掌运行轨迹是竖起的、呈扁体状的椭圆形。

图 175

图 176

三、摇辘轳

　　过去，人们从井中取水时，为了省力，常在井口竖起支架，装上可用手柄摇转的轴，轴上绕有绳索，通过转动手柄的摇把将水桶拉出井外。这样的汲水工具称为辘轳。所谓摇辘轳即是模仿两手抓握辘轳手柄、两臂转动辘轳手柄之情景。具体操作方法如下。

　　下肢站成右丁八步，两手置于胃部前方，呈空握拳状，两拳与自身约半尺距离，两拳心斜向后下方，两拳眼斜相对，拳眼之间约四寸距离（图 177）；两拳缓缓上提，使之与胸部同高，此动不停，两拳继续向前、向下弧形运动，然后再做向后、向上的弧形运动，使两拳止于与胸部同高的位置（图 178~ 图 180）。此为一个完整的摇辘轳动作。如此反复练习。

　　在转动辘轳摇把的过程中，一定要注意身法的调整，注意周身力量的传导。即在两手向前向下摇动的同时，前脚掌有用力踩地之感，上身要随着手臂的动作适当前移，力量要生于两足两腿，经腰背的驱动而达于两肩、两臂和两腕、两拳；在两手向后向上拉动摇把的同时，上身随之微向后移，以形成整体拉动摇把之势。

图177　　　　　　　图178　　　　　　　图179　　　　　　　图180

第三节　如何检验身体各部力量

随着以上三个检验性动作熟练程度的提高，机体的劲力走向会逐渐明了，此时即可检验顺势而试的功力效果。

一、左右螺旋的试力检验

此种形式的试力主要是检验后背两侧与臂部各肌群的力量相互牵挂的情况。背部两侧肌群主要指髂肋肌、背阔肌、大菱形肌、大圆肌、小圆肌、三角肌等；臂部肌群主要指肱二头肌、肱肌、肱三头肌、前臂的前群肌和后群肌等。具体操作方法如下：

在左右螺旋试力的过程中，当右臂处于身体右侧位置时（图181），背部右侧的肌群呈现高度的收缩状态，尤其是肩胛骨右下端的背阔肌收缩现象会更加明显，此时若用手触之，或用指端扣按之，会感到此部的肌肉非常坚硬。然后，当右臂向左上方螺旋运行时，会感到背部右侧肌群的收缩力量通过肩部的肌群向臂部运行；当右臂运行至身前位置时（图182），整个臂部肌群高度收缩，特别是上臂内外侧，收缩现象更加明显，若用手掌砍击上臂内侧，会感到此部肌肉异常坚硬。在此过程中，背部左侧和左臂要保持适当的放松状态。

图 181

图 182

　　而当右臂位于身前、左臂处于身体左侧位置时，背部左侧的肌群高度收缩，此时肩胛骨左下端的背阔肌非常坚硬，说明此部肌群高度收缩，随着左臂继续向右上方做螺旋动作，则背部左侧肌群的收缩会通过肩部的肌群向左臂运行，同时会伴随整个臂部肌群的收缩，上臂内侧的肌肉非常坚硬。同理，此时的背部右侧和右臂应处于适当的放松状态。

　　按照类似的方法，可进行左右交替的检验性练习。

　　有时，为了强化体验效果，可重点进行一侧的检验性感知肌群收缩练习。比如，右侧肌群收缩体验完成后，在右掌回拉、下行的过程中，可先放松背部右侧和右臂的肌群，当右臂再次处于身体右侧位置时，即可进行第二次的肌群收缩练习。如此反复练习。

　　左侧的检验性练法与此类同。

二、挤压弹簧的试力检验

　　挤压弹簧的作用在于：检验脊柱中线肌群与臂部肌群收缩性相互统一的情况。在挤压弹簧试力的动作中，当两掌回拉至胃部前方、并向上抬至与胸部同高的位置时，后背的正中部位会有充实之感，此乃背部中线部位的肌群在收缩，其中主要包括背部的最长肌、竖脊肌、棘肌等；在两掌做向前挤压弹簧的动作中，后背中线部位的紧实之力则逐渐向两臂、两掌传导，此时会感到两臂的肌群有明显收缩感觉。

之后，随着两掌缓慢地向下向后回拉，要放松后背中线部位和臂部肌群，在两掌继续上抬之际，这些部位的肌群不断收缩，当两掌抬至与胸部同高位置时，后背相关肌群的收缩会达到极致，然后，随着两掌向前推动使后背的收缩之力向臂部传导。

需要注意的是，为了强化后背肌群的收缩作用，在两掌向下向后的回拉过程中，可使背部向后微微拔起，使之略呈拱形之状；随着两掌的前推，此种拱形有不断被拉直的感觉。

两掌交替挤压弹簧的体验与双掌同时挤压弹簧的体验方式基本相同，但亦有区别。在右掌挤压弹簧的过程中，以感知后背中线部位与右臂部肌群的连通收缩性；在左掌上抬、右掌回拉之际，使左臂与背部相关肌群放松休整；当左掌抬至与左胸部位同高时，使后背中线部位肌群再次高度收缩，当左掌向前做挤压动作时，再使背部的紧实之力向左臂传导。如此反复进行。

三、摇辘轳的试力检验

通过摇辘轳的试力体验，可使后背中线部位、两侧肌群与臂部肌群力量达到高度的统一。

在摇辘轳的动作中，当两拳处于腹前约一尺距离位置时，随着两拳向后、向上的提拉，整个背部的肌群有向上拔起的收缩之感，当两拳抬至胸前、并稍做前移之际，后背中线部位和两侧部位的肌群达到高度收缩；在两拳继续向前、向下摇动的过程中，背部收缩的紧实之力缓缓向两臂传导，当两拳运行至先前的腹前位置时，两臂的收缩效果亦非常明显。此时背部和臂部的肌肉坚硬程度和连通效果如若一体。此后，在两臂稍向后回拉之际，使臂部和背部的肌群得以休整性放松，待两拳继续上抬时，背部肌群再度收缩；此动不停，在两拳不断向前下方摇动的同时，依然完成力量由背部向两臂的传导作用。如此反复练习。

为了更好地体验背部与臂部的力量传导效果，或当完成一次或几次传导练习感到肌肉过于紧张时，可适当地使机体放松，让身体的各部得到休整。即在摇辘轳的动作中，不再检验试力效果，只是尽可能做到身体各部肌肉的放松。此后，当身体状况再次达到最佳状态时，再依法重新体验背部与臂部力量的传导作用。对于左右螺旋与挤压弹簧的检验性试力，也可采用这种类似的间歇性练习。如此操作的目的，可使体验与休整得到完美结合，可有效地处理松与紧的关系。否则，如果一味地强调肌肉收缩效果，就会使机体处于疲惫状态，反而不利检验力量的传导作用。

最后，需要特别说明的是，以上三种检验性试力，在将后背肌群收缩之力向臂部传导的瞬间，若能使动作的速度骤然加快，即是极好的发力过程；此外，根据左右螺旋、挤压弹簧或摇辘轳的动作特征，又可作为极强的技击性招法。关于这些内容笔者将在随后的相关章节中详细介绍。

顺势而发之趋势

顺势而发之单臂

顺势而发之双臂

顺势而发之松紧

顺势而发之力柱

顺势而发之金刚

第六章

顺势而发

　　经过顺势而试过程后，劲力的通途会逐渐畅通，或许有一天会出现骤然爆发的冲动，此时即可顺应其势将其发出，这就是顺势而发。此种情景与涨满的江河之水有类似之处。当继续向涨满的江河注水时，水会漫溢或流出。其漫溢的地方是堤坝稍显凹面之处；流出的部位则是堤坝的缝隙所在。对于力量来说，则极易通过臂部或手部发挥出来。正因为如此，各种试力虽然讲究以整体为动力，但两臂均有不同程度的位移。到了汛期，水位上升一定高度后，就会对堤坝形成更大的冲击力，不断的流水之处变得更加薄弱，最终会发生堤坝的坍塌或决口，洪水在瞬间将以翻江倒海之势倾泻而出。力量也是出此。经过聚集力量和顺势而试的训练后，力量愈加强大，而且力量的传导通路亦会逐渐通畅，内在之劲力好似上弦之箭，大有蓄势待发之势。

　　由于顺势而发，各种形式、各种方位的劲力态势均应因势利导。或者说，这种劲力的冲动欲前则前，欲后则后，欲左则左，欲右则右。在通常情况下，这种力量一般先出现向前的爆发趋势，那么，就应该在瞬间使其骤然向前发出。发力时，务必使自身"内整性"的劲力得以爆发。虽然是顺势而发，但真正发放时，却并非那么顺畅，总是感到某种说不出的别扭，往往顾此失彼。若有意识地去发这个力量，反而又发不出来。若是流水不畅，清除水路淤泥、或将决口扒大一些即可。使劲力畅通的方法就是进行有意的试发训练。此过程就相当于水路的清淤或扒大决口。

所谓的试发，就是先使手臂进行间断性、似快非快的肌群收缩练习，然后逐渐过渡至瞬间性的爆发训练。其法与顺势而试的外在形式大同小异，也有单、双臂两种体验模式。不同之处是前者为试，后者为发。当感到劲力处于最佳状态时，直接将其发出即可；若感到某种劲路不甚畅通时，可先使肢体相关部位的肌群进行抖动性的收缩活动，抖动的频率由慢至快，由小至大，最后将其骤然发出。

下面以右式为例来介绍顺势而发的试发练习。在右式松沉桩的前提下，将右脚向前向外略做放大状；在进行双臂顺势而发的试发练习时，可将左臂外旋，使左掌与右掌的掌心处于斜相对的状态。

第一节　单臂的顺势而发

一、向前试发

劲力的轴心在背部。发力时，两腿有前后相争之意，前脚掌下踩，后背的肌群先产生收缩，并以此驱动右臂肌群产生收缩，使其发出向前的高强度爆发力（图183、图184）。

二、向后试发

以整体之力为动力，先使躯干部位产生1～2次的振荡，然后，将腰椎部位与右臂作为一个拉杆链，在腰肌骤然向后的拉动下，右臂肌群产生向后的收缩作用（图185、图186）。

>>>

图 183　　　　　图 184　　　　　图 185　　　　　图 186

三、向左试发

在放松的前提下，身体微向右转，此后，将整个躯干部位作为一个大块的肌肉链，并迅速向左做扭动性的收缩，以带动右臂向左摆动；或者，在身体不向右转的情况下，先放松各部肌肉，然后上身突然右转，并驱动右臂做向左的收缩摆动（图 187、图 188）。

图 187　　　　　　　　　　　　图 188

四、向右试发

整体稍向左转后，意感一人站我右前方位置，随着上身的向右转动，使腰背部位肌群剧烈收缩，并带动右臂右腕向右甩动，右腕挥动之处，所站之人即被甩出；此外，也可在身体不做左转的情况下，大脑先给右臂输入一个右甩试发信号，然后，右腕以迅雷不及掩耳之势向右甩动（图189、图190）。

五、向上试发

两腿生根，两脚下踩，在整体突然向上窜动之际，以周身之力为动力，驱动右臂强烈向上收缩，其着力点在右掌，当劲力到达右掌时，右掌要有微微的紧缩感，右掌发力的高度与头部相齐（图191、图192）。

图189　　　　　　图190　　　　　　图191　　　　　　图192

六、向下试发

自然放松身体后，上体快速下沉，在后背略呈弓形的前提下，以腰背肌群的收缩之力拉动右臂向下砸劈，右掌下落的幅度约一尺距离。整个右臂要有绵里裹铁的沉重感。为了增加砸劈的效果，可意想身前置一石板，随着右臂向下发力动作，右掌下落之处，石板戛然断裂（图193、图194）。

七、任意方向试发

由于实作没有固定模式可言，技击者随时会处于多变的状态，这不但要求技击者的招法善变善用，而且还应具有多方位的发力效能，即任意状态、任意方向的发放能力。但不论进行任何方向的试发，均要以内整为根基，以躯干部位和臂部的肌群为劲力链。在此状况下，右臂进行斜向或横向发力，则如棍棒扫之；右掌的斜向进发，好似利刃猛刺。

>>>

图 193   图 194

第二节 双臂的顺势而发

一、同向顺势而发

1. 向前同向试发

在两掌心斜相对的前提下，两掌稍向后拉，背部肌群略呈收缩之状，整个脊椎若张满之弓，两臂似上弦之箭，两手如锋利箭头，然后，两腿前后相争，整体略向上向前跃动，脊椎略呈前凸之势，其状如射发利箭的瞬间，在腰背肌群收缩动力的作用下，将两臂两手快速向前射出（图 195、图 196）。

图 195   图 196

2. 向后同向试发

两掌缓缓前移约半尺距离，此后，身体重心移至左腿，上身后靠，与此同时，腰、背、胸、腹等躯干部位的肌群高度收缩，并以此动力向后拉动臂部、腕部回归原位。在此过程中，两手如钩，若挂一物，随着两臂紧缩的回拉作用，所挂之物即被拉回（图197、图198）。

3. 向左同向试发

此种练法以腿为根，以腰为轴，以后背两侧肌群为力源。在整体向左转身的同时，通过力源的传导作用，使两臂迅速向左摆动，左掌发力至上身左前方，右掌发力至上身正前方。为了加强作用效果，也可先使身体带动两臂向右做轻微的摆动，然后再进行向左的同向试发训练（图199、图200）。

图197   图198   图199   图200

4. 向右同向试发

在整体放松的前提下，上身缓慢左转的同时，带动两臂向左移动，至左掌置于身前左前方、右掌置于身前，然后，上身迅速向右扭动，以驱动两臂骤然向右甩动，至左掌止于右肋前约六寸距离，右掌止于身体右前方（图201、图202）。

5. 向上同向试发

随着身体的自然下沉，两臂缓慢下落，使两手落于胯前稍上方，上身略有含胸拔背之意，然后，躯干部位突然向上跃动，以背阔肌等相关肌群的收缩为动力，驱动两上臂、前臂、腕部向上发力，至两手的高度略低于头部。需要注意的是，在向上跃动的过程中，身体不要发飘，后脚不要有离地的感觉（图203、图204）。

图 201　　　　　图 202　　　　　图 203　　　　　图 204

6.向下同向试发

先将两臂慢慢上抬，使之与肩同高，然后，整体突然下沉，脊椎部位略呈后躬之势，以腰背肌群与两臂肌群作为劲力的杠杆，在强大的内整劲力的作用下，拉动两臂两腕向下猛砸，使两掌止于胯前稍上方。在此过程中，两臂要有紧实的重力感（图205、图206）。

图 205

图 206

7. 任意方向试发

与单臂的任意方向试发基本相似。所不同的是，单臂的发力以穿透力为主，其目的在于重创对手；在推手或实作过程中，当我化解来势力量后，即可按照合力的原理，再施加给对方一个同向的作用力,此种劲力多以双掌的形式来实施。因此，双臂的任意方向发力以发放力为主导，其作用在于发放对手。

二、逆向顺势而发

1. 左后右前

就形式而言，此种发力与磨盘试力的模式有相似之处。两手如扶按磨盘两侧，将身体略做放松后，左臂向后、右臂向前骤然发力。在发力过程中，左侧背阔肌拉动左臂肌群高度收缩，右侧背阔肌推动右臂肌群高度收缩（图 207、图 208）。

2. 左前右后

此法与左后右前的发力方式相同，只是方向相反。左臂前推时，以背部左侧肌群收缩之力为动力，右臂的回拉则由右侧背阔肌的强烈收缩所引起（图 209、图 210）。

这两种发力模式符合力偶原理，在推手或实作中非常实用。此种操作类似太极拳中的"捋法"，其作用主要使对手旋转而被摔出或击出；当以一侧的拳或掌击打对手时，除了此臂向前发力外，另一臂的后向发力也能起到重要的助推作用 。

图 207   图 208   图 209   图 210

3. 左上右下

上身下沉,两腿略呈弯曲状,左右两侧背阔肌分别以上下相争之势进行收缩,以带动左臂向上发力,使左掌上挑至左肩前约一尺距离;右臂向下发力,使右掌下砸至右膝上方约六寸距离。在此过程中,两侧的背阔肌和两臂要同时具有紧实收缩感(图211、图212)。

4. 左下右上

与左上右下练法相似,所不同的是,左臂向下发力时,左掌下落的位置在左胯前约半尺距离(图213、图214)。

图 211　　　　　　　图 212　　　　　　　图 213　　　　　　　图 214

5. 两臂外开

在身体放松的前提下,两掌略向内合,躯干部位略有含胸拔背之势,脊柱犹如弯弓,其饱和张力将两臂突然向外撑开,如此发力状况好似巨鸟抖翅。发力定式后,两臂与胸部的连线处为半圆之状,两上臂内侧(肱二头肌)收缩之状硬如钢板(图215、图216)。

6. 两臂内合

在身体放松的过程中,使左右背阔肌与两臂各肌群之间形成一个完整的肌群链,其状如同韧性很大的橡皮筋;然后,重心下沉,两腿前后相争,在胸部微向内含、背部稍向后弓之际,背部与臂部之间的肌群链骤然向内挤动,同时带动两臂两掌向内振动(图217、图218)。

图 215　　　　　　　图 216　　　　　　　图 217　　　　　　　图 218

第三节　顺势而发的深化练习

　　深化练习是发力过程的升华，它能使劲力的发放更加圆满，更加有序化，方向更加若一化。

一、松紧体验

　　由于任何拳术的劲力均来自骨骼肌的收缩，因此，发力的不足往往因为肌群收缩的强度或频率不够。通过肌肉的松紧体验即可起到强化肌群收缩的作用。开始时，先体验局部的肌肉松紧，此后逐渐延伸更多的肌肉进行松紧体验。具体操作方法为：

　　1.先使手部（左手或右手或两手）肌群进行松紧体验，在此过程中，手部同时伴随快速的抖动。

　　2.将手部肌群与前臂肌群连成一体，然后使其迅速地进行上下松紧体验，每练习一次，前臂肌群要有明显的弹性作用。

　　3.从手部开始，将肌群的收缩链延伸至上臂，整个臂部肌群如同一条粗壮的筋腱，在臂部向前弹抖的过程中，进行臂部肌群的松紧作用。此时的前臂很紧实，上臂内侧（肱二头肌）既富有弹性又非常坚硬。

　　4.以肩部为枢纽，将手臂与背阔肌连成一个运动链，体认其松紧之情景。此时的肩部必须放松，以免通连的各肌群间产生阻滞现象。实际操作时，肌群链松紧的方式可让其在原位振动，可向下急沉，可向上抖跃，可向后突拉，可向前快进。

5. 两臂稍向外撑开，使两臂与胸肌之间形成肌群收缩链，在单臂或双臂振动后拉之际，体验臂部与胸部肌群的松紧，此时的臂部有拉紧膨胀之感受，胸部有充实坚硬之感觉。

6. 将肌群链延伸至整个背部、腰部和胸部，然后感受其松紧之状况。此时，躯干部位的肌群链如同巨大动力源，在其高强度的收缩作用下，使其松紧状态迅速波及臂部肌群发生联动性收缩。

7. 两腿之间的肌群作为一个拉动链，在上身松沉的前提下，体验腿部肌群松紧之情景，如大腿肌或小腿肚肌肉的松紧状况；在此过程中，也可两脚下踩，两腿则有前后撑开的感觉。

8. 将手、臂、胸、腹、背、腰及腿部肌群连通一体，使之成为一个大块的动力源，然后不定向地体验这种肌肉若一的松紧感受。当这种动力源发生定向爆发时，即可产生强大的威力。

二、下松上紧体验

所谓"下松上紧"就是下肢尽量放松，而躯干部位乃至上身则有紧实之感。此法与松沉桩初始要求的"上松下紧"练法正好相反，因此，站松沉桩的初期若以此要求来站桩，习者会感到非常矛盾。但经过相当阶段的松沉体验后，伴随着自然的"下紧"，两腿的根基作用逐渐加强，"上松"的结果则形成了内整。为了强化躯干部位的紧实膨胀效果，则有必要专门体验"上紧"之感受。具体操作为：在松沉桩的基础上，把两脚的前后距离尽量减小，两腿的弯曲度降低，如此则淡化了腿部的运动量，这样就可重点感受"上紧"所带来的收缩效果。"下松"会使腿部感到比较轻松，即使站桩较长时间也不会有累的感觉，而臀部以上的后背、前胸部位会更加浑厚紧实。

三、力柱体验

所谓"力柱"，即自身的力量好像一个巨大的柱子矗立于空间。当上部的紧实之感加强后，即可反过来再与下肢的肌群发生牵连。实际上，"力柱"的本质是上下肌群所发生的贯通性收缩，其感受如同柱体稳立于地面。开始时，先进行左式或右式的体验，最后扩展至整体性的"力柱"体验。比如，左式的"力柱"体验，不论左脚在前或在后，总是把身体的重心放在左腿。此时，可体验左腿和上身的"力柱"存在。这种的感受是：左腿和左臀、腰部、背部、肩部、胳膊会有一块牵连性肌群链形成的柱体。若以拳以掌击之，就会感到柱体部位坚如磐石，有强烈的抗击作用。右式的体验是右腿和上身的"力柱"存在。整体性的体验就是把身体的重心分担于两腿，体验两腿和上身部位贯通一致的"力柱"。

四、金刚体验

金刚者乃硬度之象征，通过此法训练可使肌群形成的"力柱"变得更加坚硬。以此"力柱"的某部（如臂部或手部的拳与掌）进攻对手，其重创效果极强；若用于防守，其格挡或阻截作用非常明显；此外，"柱体"高效的收缩特征亦能充分显示特别强的抗击性。由于此法训练的特殊性，在肌群收缩鼓荡的同时，常与呼吸配合练习。

下面以右式为例介绍两种常见的练法。

1. 外 展

下肢为右丁八步，其大小与中级的矛盾桩差不多，两掌置于身前约七寸距离，掌心向内（图219）；右掌向上、向外做顺时针的画圈动作，此圈可画1圈或3圈。但不论画1圈或3圈，最后定式时，均将右掌止于胸前，掌心向上（图220、图221）；在画圈的过程中，以鼻深深吸气，然后口微闭合，以鼻将气喷出，共分3次将气喷完。在喷气的过程中，右掌随之向右做展开式的砍击动作（图222），然后迅速向左弹回；依照同法再配合第2次、第3次喷气来完成右掌展开式的砍击动作。如此即完成了一个循环动作，共完成3个循环练习。

左臂的练法与右臂的练法相同，只是方向相反，同样是完成3个循环练习；也可在吸气的同时，使左右两臂分别做向外的逆时针和顺时针的画圈动作，在喷气的过程中，两掌同时向外做迅猛的砍击动作，如此共完成3个循环练习。

2. 下 拉

下肢与外展的站法相同（图223），下拉亦包括右掌、左掌、双掌同练三种方法。

（1）右掌下拉

左掌保持原位不变，右掌下落至体侧后，再向上、向左进行逆时针的竖椭

图 219　　　　图 220　　　　图 221　　　　图 222

圆运动,此动可做1次或3次,定式时,右掌止于右肋前约半尺距离,掌心向下(图224~图226),如此可做1次或3次,在此过程中以鼻将气吸满;然后,在配合喷气的同时,右臂内旋,掌心向下,并使之向右下方牵拉至右胯前稍下方约一尺距离,掌心斜向右下方(图227、图228);此后,右掌稍做回弹后,再次配合喷气完成第2次、第3次的下拉动作;此为一个循环练习,共完成3个循环练习。

（2）左掌下拉

与右掌下拉动作相同,方向相反。

图 223　　　　　　图 224　　　　　　图 224

| 图 226 | 图 227 | 图 228 |

（3）双掌同练

与左右两掌的练法动作相同，只是在吸气的过程中，两掌同时向下、向外做顺时针和逆时针的画圈动作，在喷气的同时，两掌分别向下、向外拉动，如此共完成 3 个循环。

五、肌蠕动体验

蛇和蚯蚓均为无足动物，他们都是以蠕动的方式向前游走。所谓肌蠕动，就是肌群像蛇一样从某部沿着一个方向进行蠕动、游走，其作用可使肌群收缩的方向统一化。由于此法对各肌群的联动性或协调性要求较高，因此，该法属于最难练、最高级的功法之一。就词义而言，肌蠕动系肌肉方面的游动，但其本质则是各肌群收缩力量的传导作用，重要的是这种传导的方向均朝一个点进行。

开始时，可使少部分肌群进行肌蠕动体验。比如，先使肩部的肌群沿着整个胳膊向手腕部位蠕动。达此效果后，再体验背部肌群逐段地向肩部、臂部蠕动，最后可扩展至整体的肌群通过腿部、臀部、腰部、背部、肩部、臂部向手腕部位蠕动。这时，若用手触之，可明显地感到这些肌群在游动。这种体验是使肌群收缩方向若一化的最佳途径。这种蠕动若能在瞬间得以爆发，其状如惊蛇扑食之情景，不但神速，且动能十足，力量超人。

第七章
六统一阶段

六统一之声意气

此阶段要求声、意、气、势、力、神六统一。这六个方面指的是发声、意念、内气、气势、力量、精神。六统一训练属于高级功法，必须具有很深的修为层次和感悟能力方可求得。

第一节 声的作用

六统一之势神力

武术中的"声"包括试声和发声两个方面。试声有助于补充试力不足，具有激发潜能、强化劲力、后续储力之作用。发声的意义为：发力时，通过声的释放和鼓荡，可使劲力发挥得更加干脆和完美。此外，发声还可起到威慑对方、震骇敌手的作用。李小龙在打击敌方的瞬间，总会发出一些怪叫，其作用既可增加力量的强度，又可令敌方感到不安，甚至会产生毛骨悚然之感！

试声是发声的前奏，发声是试声的真实体验。如果没有一定的试声功底为根基，所发之声必然中气不足，嚎叫无力，根本不可能把震撼人心的劲力发挥到极致。

在实际操作过程中，通常利用某些特殊的字音来发声，以达到增加内在功力的目的。常用的字音有"啊、哼、哈、嘿、呀"五种，此五种字音的试声，可依顺序而练习，也可选择其中某字音进行练习。尤其对技击而言，这五个字音又可称为虎啸法、狮吼法、龙吟法、共鸣法。虎啸法是用"啊"字试声，声势如猛虎长啸，在空谷中回荡；龙吟法是用"哼"字试声，其情态如神龙轻吟，声虽细微却传韵很远；狮吼法是用"哈"字试声，声势如雄狮怒吼，在天空中回响；共鸣法是用"嘿"或"呀"字试声，声鸣之处，全身皆受震动，神意要足，无丝毫断续之处。

试声包括有意试声法和无意试声法两个方面。所谓有意试声法即有意识地将试声应用于各种站桩、试力或发力之中，或有意识地应用某种字音进行试声。对于初级试声，一般均用此法。无意试声法又称"自然试声法"。当自身内气或内劲练到十分充足时，自感周身气血鼓荡，体内充实、膨胀，此时可无意地以小腹为动力发出各种声音，而且这种声音往往比较深长、浑圆、纯厚，更容易激发体内细微之不足。

当无意试声法有了相当基础后，可进入更高级试声方式，即内转试声法。

此法要求音不外吐、声由内转。用此法试声时，自感体内之声波冲击血管、毛发，鼓荡皮肤、筋肉，充实五脏六腑，由此可产生更加浑厚、笃实的内劲功夫。

开始试声时，以口腔发音，继之，要使胸腔部位产生共鸣，久之，声要发于腹腔深部，如幽谷之风吼，深山古寺之鸣钟，声不高而威，低沉深厚。

就试声的形式来说，试声可分为单纯试声法、声力并试法和走步试声法。

摆好一个姿势后，单纯为试声而试声，或者在一次练功时间内，先练一会儿站桩或试力，然后再进行单纯的试声训练，此即为单纯试声法。

在试力的同时进行试声的训练，或在发力的同时进行发声的训练，声力并进，互为渗用，以此将"声"之动力，随时糅合在力量之中，此即为声力并试法。

在练习走步的同时进行试声训练，可更有效地体会在身体有位移的情况下试声的效果。实战时，要步法灵活，以声助力，惊骇对方。此即为走步试声法。

此外，还可将试声的方法应用于养生。用于养生的六字诀为"吹、呼、嘻、呵、嘘、呬"。吹字治肾病，呼字治脾病，嘻字治三焦之病，呵字治心病，嘘字治肝病，呬字治肺病。默念字音时，要尽可能做到慢、轻、深、长。此六字可同时练，也可单独练，需根据患者病状对症而练。

第二节 意的作用

意即意念。意的作用是非常重要的，它不但对人的心理产生影响，而且还会直接或间接地影响人的生理机能。当一个人受到良性的意念诱导时，就会心情愉快，若受到恶性的意念诱导时就会精神不爽，感到浑身不自在。正因为如此，意念的应用可谓无处不在。比如，心理医生所实施的医疗过程，通常是通过语言诱导使患者产生意念方面的自我调整作用；催眠师的催眠治疗，则是通过意念诱导和心理暗示得以实现的；在养生功法中，如不同的养生气功、站桩功等，通常均会选择有利身心的意念活动加以诱导；在武术的技击中，选择适当意念活动既可增进功力，又可强化实战过程中的攻防意识。

为了强化意的重要性，有的拳术还以"意"字冠名，如心意拳、形意拳等，其要旨就是讲究心和意相合，形和意相合。即使很多无"意"字冠名的拳法，甚至不少的象形拳术，也无一不注重意的训练。不论操练内家拳法的太极拳或外家拳法的少林拳，都强调形随意转，以意导形，意到力到。

大成拳的前身是形意拳，宗师王芗斋先生在教授弟子的过程中，发现习者有重形轻意之弊病，为了突出意的作用，便去"形"字改成意拳。虽去除一字，但却赋予了拳术新的内涵。由于新拳注重了"意"的灵魂作用，一批优秀的弟子在此拳学思想的引导下功力与日俱增，这些人日后成了继承和发扬王芗斋拳学的中坚人物，如大家所熟知的王选杰、姚宗勋、杨德茂、赵道新、卜恩富、韩星樵、李见宇、于永年、王斌魁、王玉芳、泽井健一等，其中对拳术影响力和发展贡献最大者，当属王选杰和姚宗勋二人。由于意拳非凡的威力得到社会公认，遂被宗师的友人推名为"大成拳"，宗师再三推让后方欣然应允。但宗师一再强调，大成之意并非唯我大成，乃是集各家之长为其寓意。这也符合王先生早年游历大江南北、博采众家的求索轨迹。

虽然大成拳没有了"意"字冠名，但并未因此忽略了意的训练。王芗斋先生在《大成拳论》中指出："所谓神意足，不求形骸似。"从技击角度来说，大成拳的意念活动包括增长功力和实战应用两个方面。

有关增长功力的意念活动很多，习者可根据所站技击桩的桩式或试力的形式及内涵不同，有选择地进行意念诱导练习。比如，矛盾桩的"推之不动、拉之不开"意念活动，抓球桩的十指抓球之感应，托宝贝桩的托婴之体验，钩锉试力的推拉船体之想象，摩擦步的与地面空气相摩擦的感受，这些都能不同程度的增进自身功力；在核心体系训练法中，从最开始的松沉体验，到之后的聚积力量、顺势而试、顺势而发等过程，无一不贯穿着"意"的诱导作用。特别是顺势而发功法中的力柱体验和肌蠕动体验，其柱体性感知和蛇样状的肌群蠕动性诱导，均起到了灵魂方面的"意念"主导作用。

实战方面的意念诱导主要着手于技击。站桩时，可假想有劲敌以不同招法向我进击，我则以不变应万变。可意想敌方以直拳向我头部击来，我以在前的手、腕、臂通过拨开、截挡、缠化等手法来消除进犯之势，然后再以相应的拳法、肘法、腿法或膝法向其反击；也可假想我与敌方对面而立，我突然神速近身于敌前，与此同时，左右拳以连环不断的进攻方式击打敌方头部，敌若退步、躲闪或格挡，我立即改变战略战术，通过追击或变换招式等其他有效手段进行二次打击。

综上所述，"意"的训练既可引导劲力的产生、蓄积和发挥，又可使自身产生意中有敌、随机应变、见招拆招、触之即发和发之必胜的效能。

第三节　气的作用

谚语有云："外练筋骨皮，内练一口气。"此处所讲的"气"和气功中所指的"气"并非空气之气。武术中的"气"通常是和劲力紧密相连的，故有"以气催力"之说；养生功法的"气"则具有调整气血、平衡阴阳之作用；硬气功中的"运气"可起到运力于肢体某部之效果，如运气至手部，则力至手部，可断砖开石。事实上，作为传统医学或武术中的"内气"虽然难以用现代仪器来证实，但确实客观存在。

中医理论告诉我们，人体中的穴位是"气"的汇集处，其通道是经络，包括奇经八脉和十二经脉等。这种"气"常被称作"元气""中气"或"正气"。中医认为"元气"是生命活动的精微物质。"元气"充足并且运达畅通，人的活力就旺盛，免疫力就强，就可抵抗各种病毒和细菌的侵袭，保持健康的体魄。

大成拳的最基础的功法是养生桩，其目的就是为了蓄积"内气"。随着站桩的进行，"气"的感受会由浅至深，由少至多。刚开始时，手掌会出现或热或胀或麻的感觉，此后，这种功感效应逐渐向臂部及身体其他部位延展。有的人会在小腹部位出现温热、充实或异动感。当"内气"充溢至一定程度后，整体会出现浑圆扩大感。尤其在相对入静的状态下，那种"生生不已之真动"感受非常明显，此即无数细胞被激活之表征。

　　随着养生桩向技击桩的过渡，"内气"对肌肉的温养不但能使肌纤维的结构更加有序和健壮，而且还会使肌群获得用于发力的能量。当技击桩站到一定阶段后，周身的肌肉从臂部、背部、腰部、胸部等会变得紧实和有力，就连被人们认为最为柔软的腹部也会产生高度的收缩而变得非常坚硬。这些都是"内气"与"内劲"交织影响的结果，或者可认为是"内气"向"内劲"转化的必然过程。

　　在力量的聚积过程中，"内气"和"内劲"会同步滋生和强化，以致使整体形成强大若一的劲力效应。

　　在顺势而试的练习中，随着肢体在空间的位移，气和力的存在将统一于不同的形体动作中，而且还会不断地形成气到、形到、力到的完美过程。

　　进入顺势而发阶段后，每一次发力前奏（预发力过程），总是要使身体先放松，其目的就是"蓄气"于先，作为精微物质的"气"会将其能量传递至组成肌肉的每一细胞，此时细胞的活跃度和神经的兴奋度就异常升高，在发声信号的助威下，气血瞬间鼓荡，强大的劲力骤然爆发。对于顺势而发中的松紧体验，则要注重气、力的相融与并进；对于力柱体验而言，则要关注气对力的充盈效果以及劲力对气机的包容感受；在金刚体验或肌蠕动的辅助训练中，更是要注重以意导气、以气助声、以声催力的高强度劲力效果。

第四节　势的意义与作用

　　所谓"势"即是对事物发展的一种描述。当事物发展至一定程度而处于定性趋向时，通常以"势"称之。比如，我们常说的"势力"指的就是某些组织或某些人所具有的绝对优势；"势不两立"则是两股力量相互抗衡之意；"势如破竹" 意即劈开了竹的头几节，下面各节顺着刀势就分开了，通常形容力量的强大而不可抵抗。

"势"有一个由弱至强的过程。当其处于萌芽的较弱状态时，我们常称之为蓄势，势的力量达到一定程度后，则必然能揭示自身的发展规律，并且按照应有的态势而展现不同趋势的特征。事物的任何结果都是"势"的必然。只有蓄势才能待发；那些"仗势欺人"的人如果没有"势"的先决条件，也就不可能欺人。对于大成拳而言，站桩是对劲力的蓄势，静态的劲力圆满后，则要向空间延伸，当力量的通路顺畅后，就要使之真实的爆发出来，这些就是顺势而为的过程，即顺势而试和顺势而发。就连后续的推手、单操手和连环技法训练，实际上也是在为技击而做的蓄势。

"势"在发力过程中代表了一个人的功力象征，优势的功力状态说明了一个人的劲力所达到的圆满程度。这就是势在必行。不论站桩、试力、走步或单操手，当我们具备了气、意、力、声等各种高强度的势能后，即可使之集中性地得以释放。这样就会使劲力效能表现得异常强大。此时的发力状态为：①整体状态极佳；②肌群的高度收缩性；③力量有完整的重力性；④作力的方向高度统一；⑤力量具有很强的穿透性和重创性。

"势"在推手或技击中的意义也非常重要。当劲力处于强势状态时，对方若向我进击，我以腕臂轻轻掤之，对方顿时感到我之防御固若金汤，我若向对方进击，对方无论怎样堵截或格挡仍无济于事。当然，为了使发力处于优势状态，要尽可能地创造有利条件，以发挥力量的发放与打击效果。比如，当对方向我进击时，我先通过化解的方式消除对方来势，之后即可向其中线部位以强势的劲力将其放出，或向其要害部位猛击。

第五节 神的意义与作用

精、气、神是人体生命的三大支柱。"精"是人的精微物质，是生命活动的基础；"气"则是生命的动力，通过经络的输送而运达于身体各部；而"神"则是一种高级的、抽象的意识状态，亦即人的灵魂所在。三者缺一不可，它们之间高度统一而又相互影响。三者中的"神"在现实各种生活、工作或运动方式中均起到了非常重要的主导作用。一个人如果萎靡不振，生活缺少活力，我们就称其精神状态不佳；假如某人目光呆滞，我们则称之两眼无神；一个人如果心不在焉，或者答非所问，我们则称之为走神；一个精神头儿不足的人，工作中就会缺乏动力。在武术的技击中如果无精打采，焉有不败之理。尤其在发挥整体力或穿透力的作用时，必须神气十足，精神焕发，才能更好地激发内在潜能，以发挥极限的威力。

对于精神状态的要求，王芗斋先生在《大成拳论》中指出："技击之站桩，要在于空灵均整，精神饱满，神如雾豹，意若灵犀，具有烈马奔放、神龙嘶噬之势。"这些对精神气质方面的训练非常重要。先生还特别强调"动则有怒虎出林、搜山欲崩之状，全体有灵蛇惊变之态，亦犹似火烧身之急，更有蛰龙振电直飞之神矣，尤感筋肉之激荡，力如火药手如弹，神机微动雀难飞，颇似有神助之勇焉。"

在神态修炼方面，王芗斋先生的要求是："习时须假定三尺以外，七尺以内，四周如有大刀阔斧之巨敌，与毒蛇猛兽蜿蜒而来，其共争生存之景，须当以大无畏之精神而应付之。"如此既可很好地化内能为劲力，又可培养临危不惧的精神气概。

为了更好地求得"神"的效果，还可进行必要的静功和眼神方面训练。静功对生理方面的影响是：可使自主神经系统机能得以调节，全身骨骼肌紧张度下降，呼吸频率减慢，血压下降，头脑清晰，心情愉快，全身充满活力等。静功的修炼可选择站式或坐式，但无论姿势如何，均不必过分追求入静，要使身心自然而然地进入祥和松适、安逸处静的状态，此时可有效地修身养性，运化内气，蓄积能量，使人具有大气浩然，处机灵变之玄妙。

眼睛为心灵之窗，若能训练出炯炯有神的目光，无疑会使人神采奕奕，精神焕发，这对力量的发放必有很好的提振作用。可任选一桩式，再选择一目标，如远处一棵大树，一座高山等，我以双目微微凝视之。开始时，不要追求太长时间，当两眼不适时，可微闭双目休息一下，尔后再练习，以至能较长时间地盯住目标而不疲倦。过一段时间后，可把凝视的目标变为不太强的灯光，在凝视过程中，双目要有吸收灯光所发光子能量之意，久之，好似我之目光与灯光融为一束之光。如此修炼可达到武术中所讲的"目击"效果。所谓的"目击"实际上是技击者的精神震撼力在眼神方面的特别体现。这种"目击"具有极强的威慑力，可令对手"失神"而不知所措，甚至不战而败。

第六节 力的高度融合

以上的声、意、气、势、神有了适当的修炼后，将会自然的与劲力产生部分或完全的融合。在没有达到六个方面高度统一之前，可能只是两个方面或三个方面的融合。

比如，试声时可使劲力产生鼓荡作用，或者在体验力量蓄积及运行过程中，由于松静的结果会自然地产生试声的效果，这就是声与力的融合。

在意的诱导下，劲力如果有了放大及不断延伸的感受，则为意与力的融合；随着"内气"效应的加强，更多的细胞均被激活，此时将化"气"为"劲"，即气中有力，力中有气。当然，在体验劲力的过程中，也会产生明显的"内气"强化作用，这些特征是气与力的相互融合。

在"得势"的前提下，若能顺应其势进行试力或发力操作，会使劲力愈发强大，反过来，正确的试力体验会使力量在空间的延伸的势头更加明显，必要的发力练习会使力量在瞬间爆发的趋势愈加强大，此即为势与力的融合。

精神的提振会激发体内更多的内能，以致在试力时肌群获取充足的能量。在高能量的作用下，肌群会全神贯注地参与协调，并能方向若一地释放无穷劲力，此乃神与力的融合。

当然，在试声的同时意念若能得以放大，即为声与意的融合；假如气感效应加强，则为声与气的融合；当劲力的延伸或待发趋势在试声的过程中产生了明显的感知，可视为声与势的融合；或者，在试声及发声的同时振奋了精神，即为声与神的融合。

以上只是两个方面相互融合的过程，随着劲力层次的深入，还会相继产生三方面的融合，如声、意、气的融合；声、意、势的融合；声、意、神的融合；声、意、力的融合；声、气、势的融合；声、气、神的融合，如此种种乃至产生四方面、五方面的融合，最后完全达到声、意、气、势、神、力六统一的高度融合。

为了更好地完善六统一的融合，在相关功法的修为中，尚需注意或体认伴随劲力而出现的一些相关重要或细微的变化。比如，在聚积力量的过程中，由站桩所产生的肌群收缩和通连作用会越来越明显，此时要静心体察，以感知这种收缩的强度和通连部位。这种静中体察会促使机体处于适当的放松状态，而松与静的结果会使热、胀、麻等"内气"效应得以加强，由于"内气"具有能量作用，这就会为劲力提供了更多的动力保障。毫无疑问，劲力的聚增又强化了其向空间延伸或自然爆发的势头。同时，松与静还具有重良好的修身养神、洗涤心灵的作用，这样又会使劲力处于灵动性的待试、待发状态。如此就会自然而然地使六个方面融合一起。

　　在顺势而试的过程中，势为先决，试力则为应势。此种状况实乃力与势的自然融合。对于常规试力（如钩锉试力）而言，虽然没有势的变化，但随着肢体在空间的运行，仍会产生呼吸减慢、气感增强的改变。在进行无意、有意或辅助性检验试力时，除了会明显地感觉这些变化外，还会糅合意感、神态、虚灵为一体。同时，随着悠远深长的声鸣而使肢体缓慢地在空间运行。毫无疑问，此时的劲力完全渗透于其中，这就是多方面因素高度融合的必然结果。

　　在发力过程中，尤其对于顺势而试发来说，劲力的待发势头非常强烈。因为发力瞬间的前奏存在一定的蓄势状态，而这个蓄势状态往往是站桩或顺势而试状态。假如是站桩，由站桩所产生的整体沉重感、肌群紧实感、力量膨胀感已相当完满。此时的"气"处于备能状态，精神则高度集中，劲力随着意念的待发感觉配合发声的威势即可骤然而出；当机体处于顺势而试的状态时，或处于顺势而发的"力柱体验""肌蠕动"状态时，以上各种因素会更加相互影响和渗透，最终能够以声助势的使劲力完整的、方向若一的爆发。

第八章
大成拳实战技法

　　在任何形式的技击术中，均有小法与大法之分，大成拳也不例外。所谓小法即用于技击的最基本的技术形式。若能善变小法，并由此衍变出更多的技法，乃至完全脱离小法而达无法的程度，即为大法。比如拳击，其基本技击方法无外乎直拳、摆拳、勾拳。初学者单纯的以这些拳法加以运用，就是小法；但拳王们却能将它们应用得随心所欲，就是大法。对于大成拳爱好者来说，即要掌握作为单操手的小法，又要将之善变善用，以达举一反三，学一得十之效。

　　大成拳虽无套路，虽不讲究定招定式，但其内容十分丰富。李照山先生在他的《大成拳实战拳学与断手绝技》一书中，以几种熟知的单操手为切入点，详尽地介绍了14种连环技法、大成拳抗暴自卫术、大成拳断手绝杀技法等多种应用方法，本书不再赘述。笔者将从那些看起来没有技击特征的功法中，剖析其蕴含之精妙，以使习者从无法至有法、至大法，最终达到高层次的无法境界。比如，大成拳的矛盾桩、辅助动作练习、常规试力、辅助试力、类推手等，并不属于技击功法，但其中暗藏玄机，若能探其究竟，将其简单静止的，或者并不复杂的动作模式用于技击，则是最好的求取大法之途径。

第一节　单操手与步法的配合练习

在外整性力量训练环节中，已经初步学习了几种最常见单操手和步法，经过严格的核心内容训练后，对功法体系的参悟和劲力的完美程度皆已达到极高的水准。此时若将这两种方法结合应用，将会使技击的手段如鱼得水。

一、圈捶与步法

1. 配合熊形步练习

两脚略呈八字站立，两拳置于体侧（图229），左脚向前迈步成左丁八步，左拳由体侧以圈捶击出，右拳上提至颏前稍下方（图230）；将身体重心移至左腿，左拳略向后回拉，右拳下行至体侧（图231）；在右脚向前迈步成丁八步的同时，左拳继续回拉护住下颏部位，右拳则做圈捶的击出动作（图232）。此后，再做上左脚、收右拳、击出左拳的动作。如此反复向前练习即可。也可做类似的后退练习。

图229　　　　　　图230　　　　　　图231　　　　　　图232

2. 配合三角步练习

先以左式的格斗式站立（图233），在我退左脚、上右脚成右丁八步的同时，左拳回拉护住下颌，右拳下行体侧后，再向前向上击出右圈捶（图234~ 图236）；此后，我右脚退步，左脚上步成左丁八步，与此同时，右拳回拉护住下颌，左拳下行经体侧向前向上以左圈捶击出。如此拳脚配合循环练习。

图 233   图 234   图 235   图 236

二、炮拳与步法

1. 配合熊形步

先站成右式的炮拳姿势，然后，在左脚向前迈步变成丁八步的同时，左拳向前击出，右拳回收（图237~ 图239）。此动不停，在右脚向前方迈步成丁八步的同时，右拳向前击出，左拳回收。如此不断向前练习，也可做类似的后退练习。

2. 配合三角步

站成右式的炮拳姿势（图240），右脚退步至左脚右侧与肩同宽距离处，左脚向右前方上步成丁八步，与此同时，左拳以炮拳形式向前击出，右拳回收护住下颌（图241、图242）；然后，以此法退左脚、上右脚成右丁八步，并同时收左拳、出右炮拳。如此两拳两足配合交替练习。

图 237　　　　　　　　　　图 238　　　　　　　　　　图 239

图 240　　　　　　　　　　图 241　　　　　　　　　　图 242

3. 配合槐虫步

站成右式的炮拳姿势（图243），右脚向前垫步，左脚随之跟进至右脚内侧稍后，脚尖着地成虚步，在此过程中，右拳回拉护住下颏，左拳以炮拳向前击出（图244）；左脚向左前方迈一大步，右脚跟进，使之落至左脚内侧稍后方并成虚步状态，同时，左拳回拉护住下颏，右拳以炮拳击出（图245、图246）；然后，在迈右脚、跟左脚之际，右拳回收，左拳击出，如此两拳两足配合向前反复练习，也可做类似的后退练习。由于此步的模式为运动中的三角形，故又将槐虫步称为进退三角步。

图 243　　　　　　　　　　　　图 244

图 245　　　　　　　　　　　　图 246

三、扇掌与步法

1. 扇掌与横步配合练习

左脚向左跨步、右脚随之跟进时，右掌做一个正扇掌动作，然后，身体稍向右转，做一个反扇掌的动作。

2. 扇掌与踩步配合练习

当向前走一个踩步时，做一个正扇掌，然后，随着身体的稍向右转，立即做一个反扇掌动作。

四、金刚膝与踩步

下肢站成左丁八步，两手抬起高举过头，向前连续走两个或三个踩步后，两手下挂，右膝随之向上顶撞；然后，再将两手抬起，如果右脚落至身后，左脚在前继续连走踩步，顶撞右膝；如果右脚落至身前位置时，则使右脚向前连续踩步，顶出左膝。

第二节 大成拳的非法之步

一、什么是非法之步

所谓非法之步，就是看起来无章可循而又极度灵活、非常实用的步法。该步法源于有法之步，衍生于有法之步，然又有别于有法之步。它是实作中的最高级步法。

在上一节内容中，虽然介绍了常见步法与单操手的配合练习，但在真正的实作中如果机械地套用这些步法，就会使身法僵硬，难以发挥应有的技击效果。王芗斋先生指出："手足齐到，乃全身与为应付也。"所谓"手到"指的是到达进攻目标的拳法或掌法；而"足到"则是关于步法应用的范畴。武谚亦云：手到步不到，打人不得妙，手到步也到，打人如玩笑。实际上，如果手到步不到，击出的重拳只能是发空拳，白费力。假如把施以的拳法或掌法比作武器的话，那么步法就是运载这些武器的工具。由此可见步法在技击中是何等重要。只有运步自如，才能身法灵活，占技击之主动。

有的习拳者练了不少步法，但真正动起手来，却不够灵活，甚至因此而怀疑大成拳是否实用。须知，他们习之定步，用之定法，有的连基本的定步还走不好，焉有不败之理！我们看电影、电视中的武打动作，拳击、散手中的格斗，全靠步的配合。然而，有哪一个是运用定法的？世界拳王阿里的步法被称为舞步，可见灵活至极，绝非某个单一的步法可言述。

学会了大成拳的某些定步定法，只能对付庸夫、笨汉，若对方稍有实战经验，恪守这些定步定法就难以保证不处于被动局面。但是否因此要取消定步练习呢？当然不是。各种步法练到一定程度后，可将这些不同的步法进行组合练习，即为组合步法。当组合之步熟化后，就要升华至自由之步。所谓自由之步乃是各种步法组合度、渗透度、自动化程度更高的步法。此时的步法无拘无束，闪展腾挪任我所为。自由之步的完美形式就是非法之步。真正的非法之步变化形式极快，就其形式而言，好像什么步法都不是，而又万法不离其宗。

二、过渡至非法之步的高级步法

我们知道，摩擦步是基础练习之步，此步法既可体验周身的整体性、重力性以及与空间的牵连性和摩擦性，又可锻炼身体的平衡性。三角步、横步、踩步等步法是技击性应用步法。殊不知，还有4种高级的技击步法，即跨步、疾行步、裹胯部和蹲跳步。其中跨步和疾行步属于最为实用的攻防步法，裹胯步与蹲跳步既是各种步法相互转化的桥梁步法，又是加强腿部力量的特殊步法。因此，在进行组合步法练习之前，有必要熟悉这4种步法。

1. 跨 步

下肢呈左丁八步，左掌置于体侧约半尺距离，掌心斜向后下方，五指斜向前下方；右掌置于头部右前方约一尺距离，掌心斜向前下方，五指斜向前上方（图247）。左脚稍抬起，并随之略向前垫步，此时，身体重心移至左腿，右脚向前跨一大步成右丁八步，左脚随之略跟进，与此同时，左掌向前上抬起，置于头部左前方约一尺距离，掌心斜向前下方，五指斜向前上方，右掌向前下方落至体侧约半尺距离，掌心斜向后下方，五指斜向前下方（图248）。

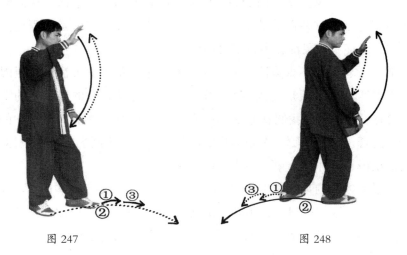

图 247   图 248

上身稍向前移，身体重心转换至右腿，左脚稍抬起后，即略向后撤步，然后，右脚向后退一大步，成左丁八步，左脚随之略向后移，与此同时，左掌向前下方落至体侧半尺距离，掌心斜向后下方，五指斜向前下方；右掌向上向前抬起，置于头部右前方约一尺距离，掌心斜向前下方，五指斜向前上方（图249）。也可做类似的右式练习。

跨步是搏击中的实用步法之一，应用跨步时，我忽而跃至敌前，给其重击，忽而退于丈外，使敌难料我之行踪而处被动挨打的地位。

训练跨步时，全身松灵，又力度浑厚。每行一步，犹如飓风卷树拔地而起，又似游龙横空拨云扫雾，大有气吞山河之势。

2. 疾行步

下肢站成左式或右式丁八步，两手置于身前，左手与胃部同高，距胃部约半尺距离，右手略高、略前于左手，十指自然弯曲呈半拳半掌状（图250），然后，两脚快速地向前交替运步。此种步法类似于小跑步，但又与小跑步有不同之处。小跑步的前脚落地时是以脚尖着地的，而疾行步则是以整个脚掌着地的。由于疾行步的速度较快，适应于远距离的进攻或快速撤退。

图249

图250

.3. 裹胯步

在丁八步的基础上（以左脚在前为例），两腿尽量弯曲，并呈下蹲之势，身体重心主要置于右腿，两脚尖着地，使左胯处于内裹的状态，左掌置于体侧低于左腿，掌心斜向后下方，五指斜向前下方；右掌置于头部右前方约一尺距离，掌心斜向前下方，五指斜向前上方（图251）。

右脚向前迈出，待右脚落地后，将身体重心主要移至左腿，与此同时，左掌向前上抬起，置于头部左前方约一尺远，掌心斜向前下方，五指斜向前上方，右掌向前下方落至体侧，并低于右腿位置，掌心斜向后下方，五指斜向前下方（图252）。

图251

图252

依法再做左脚迈出、左掌下落、右掌上抬的动作。如此向前反复练习。也可做类似退步的练习。

由于裹胯步的运动量较大，开始时，可做少量练习，而且每次训练都要留有一定的余地。

通过裹胯步训练，不但能增强下肢力量，使步法变得非常灵活，而且还可改善实作中的身法调整。例如，在我与敌相持之际，时而以高位式态势与敌周旋，时而又变为低位式的进攻态势，使敌无从适应。但是，由于裹胯步的位式较低，所以必须有较深的功力基础后，方可练习。

4. 蹲跳步

在浑元桩的基础上，两腿下蹲呈矮步的桩式，两脚跟离地，身体重心置于脚尖（图253）；在此状态下，可适当地站一下矮步桩，一般为3分钟左右；然后，两脚在原地反复做快速跳跃动作，或者做前进或后退的跳跃动作；此外，在跳跃过程中，两脚可保持同水平线的位置，也可使之一前一后地跳跃（图254）。

图 253　　　　　　　　　　　　　图 254

　　蹲跳步对加强腿部的力量很有帮助。一旦此种步法训练有素，再运行其他步法时，会变得异常轻灵与快速。

三、组合步法

　　各种单式步法熟练后，即可使之相互组合练习。开始先练两种步法的组合，再进行 3 种或更多种步法之间的组合。

　　1. 三角步与踩步组合

　　此种组合特别适用较远距离的进攻。其训练方法为：下肢为左丁八步，左掌在下置于左胯左侧上方，右掌在上置于头部右前方（图 255）；左脚向左后方撤步，右脚向左前方上步成右丁八步，然后，快速地向前连走两个踩步，与此同时，左掌向身前运行至头面部正前方，掌心斜向右前方，右掌下行至腹前，掌心向内，两掌呈进攻或防守态势（图 256、图 257）。

　　以上是左式组合，右式练法与此类似，只是方向相反。这种步法能至敌身前于瞬间，常令对手防不胜防。尤其是两臂两手位置的变化，不论进攻还是防守都能得心应手。

　　如果用于进攻，两掌可直接向前发力。此时，既可以左掌击敌面部，右掌撞其胸部（图 258），又可以整体的发放力将其放出（图 259）。

　　假如用于防守，左掌在上可阻截对方直拳的进击，右掌在下可防止对方低位拳法或腿法的进攻。比如，当对方右拳击来时，我左腕则自然地向左拨动，将其拳锋挡开，右掌化拳猛击对方腹部（图 260、图 261）。

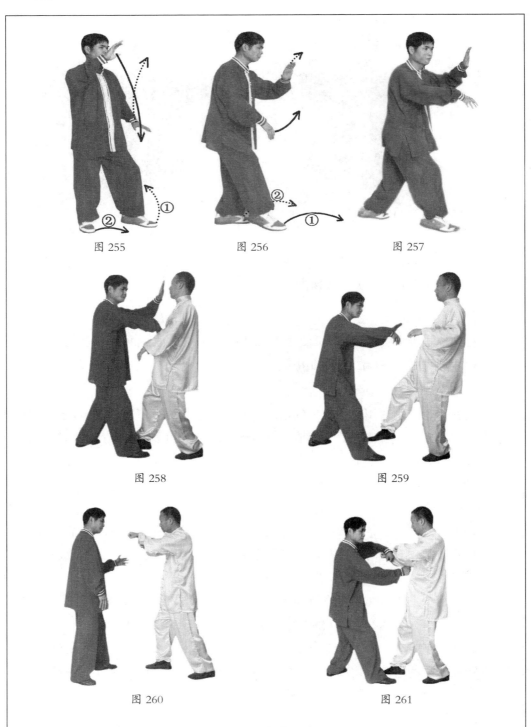

图 255　　　　　图 256　　　　　图 257

图 258　　　　　图 259

图 260　　　　　图 261

再比如，对方若以左拳向我心窝击来，我右掌立即变化为拳，并向上进行弧形旋动，以磕开对方左臂，左掌随之以掌根部位撞击对方下颏，也可化掌为拳打击对方面部（图262、图263）。

图262　　　　　　　　　　图263

2. 横步与三角步组合

两脚左右分开，与肩同宽，使之站成接近平行的状态，两拳置于身前（图264），然后，左脚向左连走两个横步，右脚向左随进，待第二个横步落地后，使右脚尖在左前方着地成右丁八步，与此同时，左拳上抬呈护卫状态，右拳向前上方击出呈格斗状态（图265、图266）。

图264　　　　　　　　　图265　　　　　　　　　图266

右脚后撤至与左脚处于同一水平线的位置，左脚向右横步随进，使之与右脚保持与肩同宽的距离，待右脚再次向右横步时，左脚向右前方运步成左丁八步，脚尖着地，与此同时，左拳向前上方击出，右拳回拉，两拳呈左式的格斗状态（图267~图269）；按照类似的方法，再做撤左脚、左横步、随右脚、成右丁八步的练习。如此反复练习即可。

图 267　　　　　　　　　　图 268　　　　　　　　　　图 269

3. 跨步与踩步组合（前进与后退）

先站成左式跨步的起始状态（图270），左脚抬起垫步后，右脚向前跨成右丁八步，左脚随之略做跟进，左掌向右上方弧形运动至面部正前方约八寸距离，掌心斜向右前方，五指斜向右上方，右掌向左下方弧形运动至腹前约半尺距离，掌心斜向左后方，五指斜向左下方（图271）；此后，在上肢的掌、臂保持基本不变的情况下，右脚立即向前走一个踩步，左脚随之跟进。

右脚向后撤一大步，左脚随之后移，左掌向左下方、右掌向右上方弧形运动至原位，此动不停，右脚走一个后踩步，左脚随之后移。然后，再重复上一个组合练习。如此反复练习即可。

4. 三角步与跨步组合

左式的扶按桩为起始状态（图272），以三角步的方式退左脚、上右脚，使两脚变为右丁八步，此时的左掌在后、右掌在前为右式的扶按桩姿势（图273）；紧接着，右脚向前略做垫步，左脚向前跨一大步，右脚随之跟进，两掌

图 270

图 271

图 272

图 273

恢复左前右后的扶按状态。如此反复练习。

5. 踩步与槐虫步组合

下肢为左丁八步，上肢呈左拳在前、右拳在后的格斗状态（图274），先向前走一个或两个踩步，左脚向前稍垫步，右脚跟进以脚尖点地，右脚不停，再立即向右前方迈步，左脚随之跟进，此时两脚为右丁八步，在此过程中，左拳回拉、右拳击出成右式格斗状态（图275）。然后，再做下一个与此动作相同、方向相反的组合练习。如此反复进行即可。

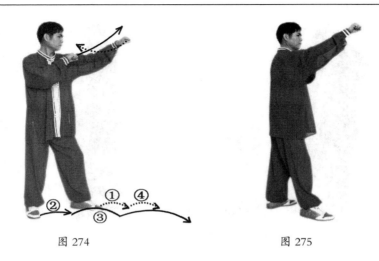

图 274　　　　　　　　　　　　　　图 275

以上仅介绍了 5 种不同的组合步法，实际上，其他的方式还很多，如疾行步与踩步组合、横步与槐虫步组合、跨步与疾行步组合等。两种步法组合熟练后，可练 3 种、4 种乃至更多种步法组合的练习。

四、对靶练习非法之步

当各种组合步法熟化后，就会使之逐渐过渡至更加灵活多变的自由之步，然后再经升华，可成为非常实用的非法之步。为了验证或加强非法之步的使用效果，可以进行必要的模拟对靶练习。其方法就是在自身周围的不同位置站有人，而我以各种步法向其进身。

可先让一人处于我身前 3~5 米位置，然后，我用非法之步以极快的速度到达对方身前，或者，当我达到对方身前时，突然绕至对方身侧或身后。此后，可选 2~3 人处于我周围不同位置，我以非法之步分别向其近身。初练时，所站之人原地不动，我以固定对靶的方式穿梭于其中。待有基础后，所站之人可以躲闪，我则随之追步进身，此乃活动对靶。活动对靶熟练后，步法已变得自由自在。

由于对靶是在自身周围的不同位置，在训练时就不能完全循规于单练之步法，它除了要求不同步法的转换外，还涉及转身及转身状况下的两脚位置的变换。特别是活靶练习，更需运步灵活，身法轻逸，犹如游鱼入水，在人群中自由穿行。

以上练习可有效地提升实战过程中的速度感和距离感。真正的非法之步，看起来好像某个熟知的单式步法，或它们之间的组合，但又不像这些步法。这种非法之步，既迅速又飘灵，忽敌前，忽敌后，忽敌左，忽敌右，忽而进敌，忽而远敌。如此可使自身滑如泥鳅，灵似猿猴，疾若奔马，势犹饿虎。使敌难以适应，我之势疾、神猛、手狠，敌必败。

第三节　大成拳的反放法

在外整性力量训练的环节中，已经学习了放人之法。但世上的任何事物都具有矛盾的双重性。虽然放法可使人失去重心而跌出，但只要能把握放法的特点和力学规律，就能反过来将对方放出。这就是反放法。

放法和反放法是技击的两个方面，它们既对立又统一。要想轻易地将对方放出，就要先破坏其平衡；而意欲不被对方放出，就要加固自身的重心，并设法使对方力量化为乌有。实战中，反放法既能有效地保护自我，又是技击手段的进一步升华。这是因为反放法是力量、胆量、智慧、技术的综合性应用。如果放法与反放法均达到了较高水平，这就说明实战能力有了一个新的飞跃。

一、中级矛盾桩

稳固自身重心的桩法是中级矛盾桩。在此桩前提下，若能进行相关的肢体调配，就可起到瓦解他人攻势的作用。

桩法：在初级矛盾桩的基础上，两脚稍向前向外开，身体重心由前三后七变为前四后六，两臂略向前向外撑开（图276）。站桩时整体放松，而且松中有沉，沉中有整。只要有一定桩功根基，站此桩3～5分钟后，就会出现较好的功感效应。此时即可进行肢体上的微动或意感方面的调整。

图 276

1. 后靠前撞体验

设想身前身后各有一墙，在我后腿略向下弯曲的同时，身体重心微向后靠，意感以腰背部位轻轻撞靠墙体，此后，再使后腿略成直立蹬地之势，在身体重心由前四后六变为前后各五成的瞬间，上身向前撞去，似以胸腹部位撞动前方墙体。以此模式反复做后靠、前撞的练习。

需要注意的是，每当后靠之后，不要停顿，必须立即前撞。不然的话，就会使对方利用我重心后移之际，对我施以放法或其他进攻之法。前撞动作完成后，可稍做停顿，以体验整体松沉之感受。

过一阶段后，让一人以单掌或双掌置于我胸部，并向前推我，我采取后靠、前撞的方式以整体之力迎之。对方若感到我稳如磐石，即见成效。由于后靠只是前撞的预备动作，因此后靠的幅度不能太大，后靠的时机不能延迟。或者，当感到对方以力向我推进时，我以上身微向下向前倾叠之势代替靠和撞的动作，这样也能起到稳定重心的作用。

开始慢练时，后靠和前撞的动作比较分明。练到一定程度后，可将速度逐渐加快。当速度快至极点时，只见上身在原地微微一震即已完成整体力的转换。此时从外形上根本上看不出有后靠、前撞的分解动作。

2. 左右螺旋体验

全身放松，先使身体向左旋转，再使之右旋，旋转时，躯干如轮轴，而且左右旋转的时间差要尽量缩短。让对方以力推我上身，我若能将其力化解为乌有，即为奏效。

3. 外撑内抱体验

意感有很大的力量推挤我两臂，我两臂向外撑之；若有很大的力量拉我两臂，我两臂向内抱之。让对方以拳击来，我以臂迎之，若能有效地撑之，使其进攻无效，则说明我两臂拥劲大增。

有了以上 3 方面的基础后，即可进行反放训练。

二、放法的克星——反放法

1. 整体放人的反放法

当我们快速的用力推墙时，会受到墙的反作用力，使我们连连后退，假如

116

墙有手臂，再给我们一个推力，就会使我们跌得更远。前撞反放之法就是以此原理进行操作的。当对方以整体力放我时，我可做一个整体的前撞动作，以抵消对方之力，同时又使对方受到一个反作用力，此时，对方重心势必不稳，我顺势向前发力，将对方放出（图277~图279）。

图 277

图 278

图 279

　　若对方力量较大，我上身迅速做出先左后右的螺旋动作，使对方力量失去作用点，并因此造成失重不稳，我则立即向前发力，将对方放出（图280~图282）。

图 280   图 281   图 282

当对方力量更大时，我左臂由外入内并向下、向左顺时针旋动其右臂，右臂向左下方锉开对方左臂，同时，上身略向左转，以此 3 个方面的作用完全可化解对方力量，然后，在上身右转之际，两掌同时向前发力，将对方放出（图283~图 285）。

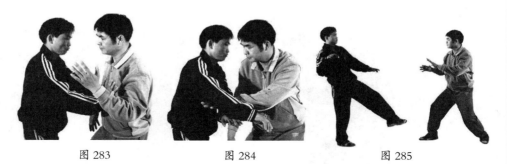

图 283   图 284   图 285

2. 旋动放人反放法

当对方两掌向右下方旋动我上身时，我上身迅速做向左下方、再向右上方的逆时针圆周运动，使其旋动之力化解，此时，我再以整体之力向前发放（图286~图 288）。

图 286　　　　　　　　图 287　　　　　　　　图 288

3. 弹抖放人反放法

当对方向我胸部进行弹抖时，我上身稍向前倾，与此同时，后脚略撤步，重心降低，使其弹抖之力不能破坏我之重心，然后，我迅速向前发力，将对方放出（图289~图291）。

图 289　　　　　　　　图 290　　　　　　　　图 291

当对方弹抖来势迅猛时，或者，在对方弹抖之势不能奏效时，我可利用对方向前的弹抖或推动之力，抓住对方两臂，上身左旋，以我螺旋之力，将对方向我左侧放出（图292~图294）。

图 292   图 293   图 294

4. 三角步放人反放法

以左式为例。当对方以三角步的方法进我中线时，我左脚迅速撤步成右丁八步，同时，上身左转，两手抓其两臂，以周身螺旋之势，将其向我身后甩出，若反放效果不佳，再上步跟进，继续向前发放之（图 295~ 图 297）。

图 295   图 296   图 297

>>>

5.踩步放人反放法

对方以踩步之势摧动我重心，我随之稍向后撤步，当对方前行失重之时，我迅速使上身左转，同时，两手抓其臂，向左后方旋放之；或者，在其上身偏移之际，亦可向前踏其中线，向前放之（图298～图300）。

图 298　　　　　　　　　图 299　　　　　　　　　图 300

6.转动放人反放法

当对方用双掌转动我上身时，我迅速随其转动的方向，向其进身，与此同时，以右前臂为力点，左掌配合右臂向前发力，将其放出（图301～图303）。

图 301　　　　　　　　　图 302　　　　　　　　　图 303

7. 叉臂放人反放法

当对方以叉臂之势作用于上身时，我稍向前倾，降低重心，同时，我左腕由上向左下方缠化其右臂，右腕由下向外分锉其右臂，然后，踏其中线部位，两臂两掌向前发力（图304~图306）。

图304   图305   图306

8. 绊腿放人反放法

以右式为例，对方由内侧绊我右腿，我右脚稍向前移，再做一个顺时针的划圈动作，以消除对方的勾绊作用，然后，整体松沉，向前反放之（图307~图309）。

图307   图308   图309

　　对方由外侧绊我右腿，我左脚稍向后移，同时，降低重心，右脚则做一个逆时针的划圈动作，然后，将右脚插其裆前，以整体之力反放对方（图310~图312）。

图 310　　　　　　　　　图 311　　　　　　　　　图 312

9.铲腿放人反放法

　　对方若以右脚勾踢我右脚，我迅速使右脚掌在摩擦地面的前提下做逆时针的圆弧运动，待右脚踏其中线部位后，身体重心降低，两掌同时向前发力，将对方放出（图313 ~图315）。

图 313　　　　　　　　　图 314　　　　　　　　　图 315

10. 拉腿放人反放法

对方左手拉我右腿，欲施以放法时，我迅速使左腿后移，在加大下肢支撑面积的同时降低重心，两掌向前下方拍其背部；待其上身前倾之际，立即以左膝猛力顶撞对方胸部（图316~图318）。

图316   图317   图318

第四节 大成拳的类推手

一、什么是类推手

在大成拳中，推手既是实作的前奏，又被推崇为最高级的技击形式。该法是双人在腕臂相交的状况下，所进行的劲力和技法的较量。它并非大成拳所专有，咏春拳、太极拳等拳法均有推手或类似推手的练法。

推手的程序包括：①熟悉腕臂在推手中的运行路线；②体验腕臂在位阻状态下的劲力走向与变化；③学会推手技法的实际应用；④善于使用推手的基本技法与力学原理进行巧妙应用；⑤使推手技法在技击中发挥神奇作用。

大成拳有单推手和双推手两种。单推手是矛盾桩与钩锉试力有机结合的练法，前推时是钩锉试力的变形，腕臂回抱掤撑时则是动态的矛盾桩。双推手则以两臂的腕部与对手相搭接，是更活化的试手之法。对于这些推手的操作与应用，李照山先生已在《大成拳实战拳学与断手绝技》中做了较为详尽的阐述，习者可参照练习。

本书所指的类推手，则是类似于常规推手的特殊推手。此法是李照山先生根据多年的习拳经验所总结。由于类推手仍属于推手的范畴，因此，原则上同样要遵循推手的重要原理与要义。所不同的只是推手的方式有别于常规的推手。类推手简单易行，而且极易应用于技击，其特点有以下 3 个方面。

1. 单臂轮轴绕行

双方以单腕内侧或外侧为触点，在身前进行单臂的打轮绕行动作。

2. 两个方向的竖圆运动

手臂打轮动作系身前的竖圆运动，并有顺时针和逆时针两个方向。

3. 4 个操作动作交替进行

每只手臂的操作有 4 个动作，两臂的竖圆运动可不断地交替进行。

二、类推手的练法

1. 右式右臂顺时针练法

下肢站成右丁八步，左手置于体侧稍前方，双方右臂在身前竖起，右手呈空握拳状，并以右腕外侧与对方相搭接；我右臂进行顺时针的竖圆运动，对方右臂进行逆时针的竖圆运动，在两臂轮轴绕行的过程中，当我右臂绕行至身前右下方时，我腕部内侧处于对方外侧的状态；当右臂绕行至身前左下方时，对方右臂在上，其腕部内侧处于我右腕外侧；然后，右臂继续上行恢复至原来状态（图 319~ 图 321）。

图 319   图 320   图 321

也可按照类似的练法，以自己的右腕外侧与对方左腕内侧相搭接，进行顺时针的画圈打轮练习（图322~图324）。

| 图322 | 图323 | 图324 |

2. 右式右臂逆时针练法

按右丁八步站好，双方以右腕内侧在身前相搭接，左手位置与前式相同；然后，我右臂做逆时针的竖圆运动，对方右臂运动方向相反；我右臂下行至身前左下方时，我右腕在上，双方仍以腕部内侧相搭接；当继续绕行右下方时，对方右腕在上，与对方腕部外侧相搭接；继之，右腕继续上行时，恢复至起始状态（图325~图327）。

| 图325 | 图326 | 图327 |

当自己的右腕内侧与对方左腕外侧相搭接时，即可进行与上述练法相似的逆时针画圈打轮动作（图328~图330）。实际上，此种练法与双推手的右臂运行模式完全相同，只是左腕与对方右腕完全脱离而已。故此法亦即半双推手的右臂运动。

图 328 　　　　　　　　图 329 　　　　　　　　图 330

以上是右臂所进行的单臂、双向、四个打轮动作的操作练法。

3. 左式左臂逆时针练法

练法与右式右臂顺时针练法相同，只是方向相反。即：以左式站立，以双方的左腕外侧相搭接；然后以逆时针的方向绕着对方左腕在身前画圆运动，而对方则以顺时针的方向运动，双方的右臂均置于各自体侧的右下稍前方，而且随着左臂的打轮动作起着调整重心、或随时出击的辅助运动（图331~图333）。

当左腕外侧与对方右腕内侧搭接时，也可进行逆时针的身前竖圆运动，右臂的状态与上法相同（图334~图336）。

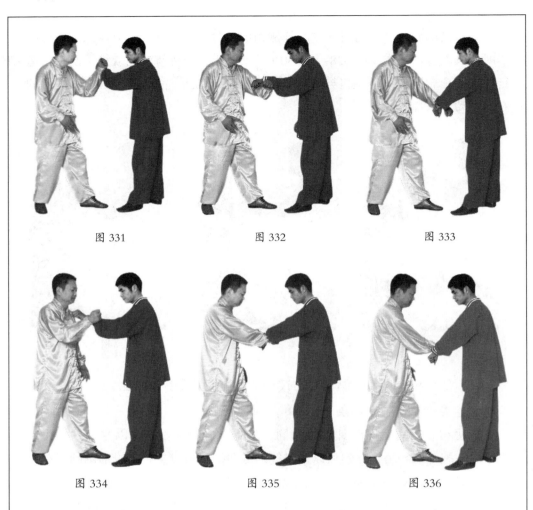

图 331　　　　　　　图 332　　　　　　　图 333

图 334　　　　　　　图 335　　　　　　　图 336

4. 左式左臂顺时针练法

　　双方均以左腕内侧相搭接，然后进行我顺时针、对方逆时针的缠腕画圆运动，右臂在体侧稍前方，配合左臂起着协调作用（图 337~图 339）。

　　如果我左腕内侧与对方右腕外侧相搭接，同样进行顺时针的画圆运动，则为双推手过程中的左臂左腕运行模式，因此，这个动作亦为半双推手的左臂运动，右臂同样起着整个动作的协调作用（图 340~图 342）。

　　这些是左臂所进行的单臂、双向、4 个打轮动作，与右臂的 4 个打轮动作合为 8 个轮轴操作。

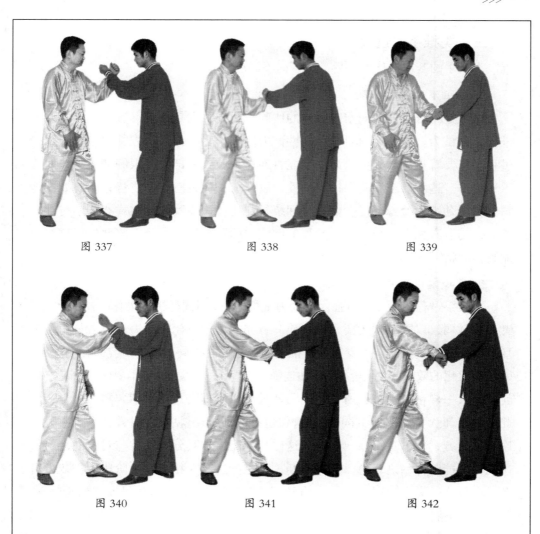

图 337　　　　　　　　　图 338　　　　　　　　　图 339

图 340　　　　　　　　　图 341　　　　　　　　　图 342

　　若以右腕与对方左腕搭接，左腕与对方右腕搭接，同时进行左臂顺时针、右臂逆时针的轮轴运动，则为完整的双推手操作。

　　以上属于左式以左臂、或右式以右臂与对方推手的练法，此法为类推手的顺式练法。也可进行与之相似的反式练习。即：下肢为左丁八步时，以右臂右腕与对方相推练；下肢为右丁八步时，以左臂左腕与对方相推练。当定步的操作熟练后，还可进行活步的类推手练习。

三、类推手的过程

类推手的基本操作熟练后，即可向不同层次发展。

1. 位阻下的劲力体验

试力是将自身劲力向空间延伸的体验。而推手则是在腕臂有位阻的情况下进行特殊试力。这种试力要比单纯性试力困难得多。在与对方腕部轮轴缠绕的过程中，要着重体会周身松沉之劲能否通过下肢或胯部的鞭根制动原理，而传感于对方。这就要求肩胯保持灵活性，以形成一动无有不动之势，始终如一地感知自身劲力随着臂部运动而在空间绕行。比如，当我进行右式右臂顺时针操练时，随着右腕由上至右下方的弧形缠绕，即可感知后背乃至胯部的肌群在收缩紧实的状况下向右臂运行，使对方明显感到我之劲力的雄厚。

2. 感知柔化作用

在推手过程中虽然能以强大的劲力威慑对方，但同样讲究柔化的作用。"柔"者并非软弱，以柔克刚为要义；"化"者亦非虚招，化险为夷，化来势力量为乌有则是根本。事实上，不少拳术的推手和技法都有不同程度的讲究柔化的作用。欲达到柔化的效果，必须遵循"沾粘连随"与"不丢不顶"的基本要领。所谓"粘"就是像胶一样粘住对方；所谓"连"就是顺从不离之意；所谓"随"就是彼走此应之意。此4点要求有共同的寓意，但也有区别所在。粘住了对方，就能"不丢"，连着了对方，就可"不顶"，只有这样，才能恰如其分地保持与对方的接触，达到沾之能起，粘之难逃，连之不断，随之能进。在相当一个阶段内，双方可专门进行这种练习。比如，让一方有意识地脱离触点，另一方尽量保持粘住对方，使其难以逃脱。

四、类推手的技法

在常规的单、双推手中，有很多的技法应用。对于类推手而言，同样也有不少的实用技法。这些技法更易转为实战性的操作。既然类推手属推手范畴，操作时仍以发放对方为目的。此法的形式虽然较为简单，但其技法同样丰富。在此仅举9例说明。假设所有动作都发生在进行右式右臂顺时针推手的过程中。

1. 左捆右进

当双方的腕部外侧搭接并处于胸前位置时，我左掌变拳，左臂由下至上经右臂前方运行,使左腕外侧掤接对方右腕内侧,右腕撤出后,即向对方推进,然后,在我左臂掤挡的前提下,周身向前发力,将其放出(图343~图345)。

图 343　　　　　　　　图 344　　　　　　　　图 345

2. 右旋左拿

双方右臂处于身前位置,我右臂由上至下继续进行顺时针转动时,右臂内旋,使右腕内侧搭扣于对方右腕;我上身微向右转,右腕向右下方旋动其右臂,然后,右手将其右腕抓扣,左掌推按对方右肘,右手则以反向之力提拉其右腕,以形成擒拿其右肘之势(图346~图348)。

图 346　　　　　　　　图 347　　　　　　　　图 348

3. 顺势旋甩

在右旋拿肘的过程中，假如我的旋动使对方上身发生了较大的前倾，我立即以左掌向右下方推动或拍打对方后背，将其旋甩而出（图349~图351）。

图 349　　　　　　　图 350　　　　　　　图 351

4. 接臂前放

在右旋左拿的过程中，假如对方发现我右臂的旋扣动作，而做出回抽右臂的动作，我立即以左腕承接对方右臂，与此同时，右脚上步踏其中线部位，左脚随之跟进，然后，左掌配合右掌骤然向前发力，将其放出（图352~图354）。

图 352　　　　　　　图 353　　　　　　　图 354

>>>

　　我右腕外侧与对方左腕内侧搭接进行顺时针推手时，双方处于较为正面的位置，推手过程中，极易形成向对方"用中"的态势，因此，要尽量把握时机，向其中线进击；当然，同样也要防止对方的"用中"，而做好自己的"守中"，以免自身中线被攻破。

　　5. 右扣左劈

　　我右腕处于胸前位置，在进行顺时针转动的过程中，右腕内旋形成扣按之势，然后，右腕牵挂对方左臂，使之重心不稳，左掌举起，向前下方做出劈按的动作，右掌则配合左掌同时向前发力，将其放出（图355~图357）。

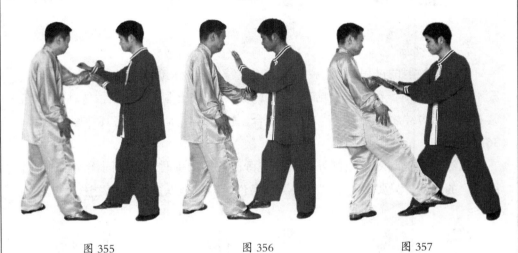

图 355　　　　　　　　　　图 356　　　　　　　　　　图 357

　　6. 挂臂擒肘

　　在我进行顺时针旋腕转臂的过程中，当右腕处于对方左臂之上位置时，则继续向右下方扣挂对方左臂，与此同时，右脚向后撤步成左丁八步，左腕向右上方运行至其右肘，然后，左腕向上、右腕向下以反向之力擒其左肘（图358~图360）。

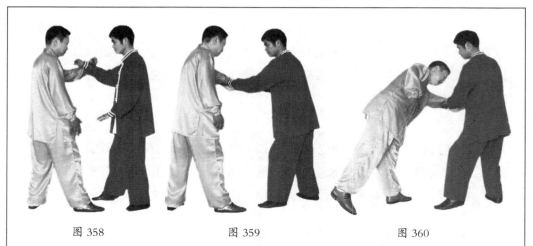

图 358   图 359   图 360

7. 随进绊放

在挂臂擒肘的过程中，当我控制对方左臂意图被发现后，对方若有意后撤，我不必与之抗衡，在继续沾粘对方腕臂的前提下顺势随进，此后，左脚上步至其右腿稍后方绊之，上身左转，右臂配合左腕向其胸前发力，将其绊摔而出（图361~图363）。

我右腕内侧与对方左腕外侧搭接进行逆时针推手时，双方同样面临"守中用中"的问题，只要有利于"用中"的条件，即可施以多种发放之法。

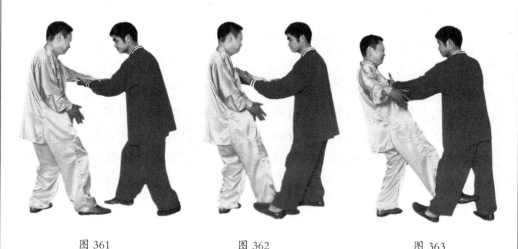

图 361   图 362   图 363

8. 撑挡进步放

我右臂运行至对方胸前或腹前位置时，即以右臂掤劲撑挡其左臂，左臂上抬身前位置，以防对方右臂对我的作用，然后，右脚向前进步踏其中线部位，左脚随之跟进，两掌同时发力于对方胸部，将其放出（图364~图366）。

图 364　　　　　　　　　图 365　　　　　　　　　图 366

9. 挂捋旋放

当我右臂转动至身前位置时，左臂向右上方经右臂前接掤对方左臂，左臂边内旋边以左腕向左下方挂捋对方左臂，使其重心失衡而前倾，右掌至其左肋或背部，然后，在我上身左转之际，两掌以螺旋之力作用对方，使其旋转而出（图367~图369）。

图 367　　　　　　　　　图 368　　　　　　　　　图 369

五、将类推手转换为搏击技法

推手的作用在于先控制对手而放之，实作的目的在于先控制对手而击之。要想具有高超技艺水平，推手是必经之途径。推手讲究的是如何发放对手，而搏击则以重创对手为目的。有了推手的经验，就能更好地在实战中控制对手，从而以巧打的方式施以重击。从某种意义上讲，推手是实作之前奏，实作则是推手的延伸与升华。尤其对类推手而言，更加适于向技击过程的变化与转换。

虽然类推手的技法易于向技击转换，但要想将其熟练的应用于对决实搏，必须要经过反复的训练与体验。开始时，可让一方以某一招法向另一方进击，作为被击的一方先以类推手的方法应对，其目的就是通过类推手的缠化方式消除进攻的威胁，然后化被动为主动，通过有效的技法向其进攻。由于此时的练习是以体验为主，并非真正的技击，双方互练时先在慢速中找感觉，待掌握动作的要领掌握后，速度逐渐加快，最后，完全过渡至实作的模式，成为真拼实搏之法宝。

下面略举几例来说明类推手在技击中的应用。

1. *左缠挂右手击*

让对方右拳击来，在我稍向右闪身的同时，左臂向上承接对方右臂，然后，迅速以类推手的逆旋方式向左下方缠挂（图370、图371），右拳或右掌以不同的形式向对方进击：

（1）以炮拳形式击打对方面部（图372）。

（2）以钻拳形式击打对方下颌部位（图373）。

（3）以崩拳形式击打对方腹部（图374）。

（4）以圈捶形式击打对方左侧耳根部位（图375）。

（5）以劈拳形式猛砸对方鼻梁骨部位（图376）。

图 370

图 371

图 372

图 373

图 374

图 375

图 376

2. 右旋挂左手打击

让对方以右拳击我，当其拳锋将至时，我右臂竖起，先以右腕外侧承接对方右臂，之后，以类推手顺时针画圆的方式向右下方旋挂其右臂（图377、图378），在此前提下，以左掌或左拳向其进攻：

（1）以炮拳击打对方右侧耳根部位（图379）。

（2）以圈捶击打对方后脑部位（图380）。

（3）以崩拳猛击对方肝肋部位（图381）。

（4）以左旋掌的形式拍打对方背部（图382）。

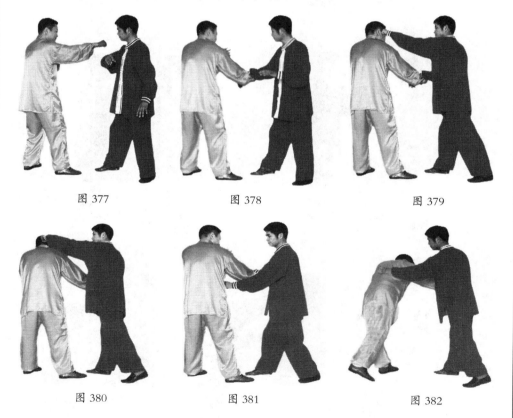

图 377　　　　　　　　图 378　　　　　　　　图 379

图 380　　　　　　　　图 381　　　　　　　　图 382

3. 注意事项

不论以何种招法招式进行练习，均需注意以下几个环节。

（1）感　知

即要把每个实用招法的要点与各个环节搞清楚，以便获得初步准确的理性认识，然后再让师傅在自己身上演示，以便真切地感知该法的各个步骤。

（2）喂　劲

先与老师对练，请师傅对自己进行喂劲，通过在师傅身上的试用，由师傅指出操作上的不足，然后，可由学员之间进行喂劲，直至基本掌握为止。

（3）互　用

即先与水平低的学员互练，并在其身上试用，然后可在水平高的学员身上试用，在试用中找出不足。

（4）要完成由小法至大法的转变过程

定招定式是小法，无招无式为大法。就技击本身而言，是没有固定模式的。各种定招定式只是一种假设式。实战时，对方根本不可能告诉你要以何种招式进击。当我们熟悉和掌握多种定招定式后，就可在大脑中留下攻防的印迹，一旦真正遇到需要出手的状况，自身就会自动地应变出相应的攻防之法。如果你从来没有进行过模拟性的定招体验，面对突然的袭击，肯定不知所措。这就是大法与小法的辩证关系。

第五节　矛盾桩技击实用法

一、矛盾桩技击之寓意

矛盾桩系技击桩，是获取"内劲"的重要途径，好像与技击并无直接关系。实际上，此桩本身就具有很强的技击寓意。矛和盾是古代的两种兵器，矛长柄有刃，是刺杀敌人的进攻性武器；盾为手持的防护兵器，通常用于防御敌人刃矢的攻击，以掩护身体。矛和盾包含了对立与统一两个方面，体现在桩功方面的寓意有：①就姿势的外形而言，桩式中的前手为盾，有防守之意；后手为矛，处于进攻状态；②就其桩功"内劲"的要求来说，包含了松和紧两个方面。而松和紧既对立又统一。我们要求站桩时身体要放松，但必须又要保持一定的紧张度，如果一味地强调放松，就变成了"懈"。此外，虽然要求各个部位放松，但放松并非目的，当桩功的"松"到了一定程度后，就会有明显的"内劲"效应，身体的局部或多部肌群会产生"紧"的收缩感。因此，在站桩过程中，应松中有紧，紧中有松，松而不懈，紧而不僵。

就功法体系而言，矛盾桩虽然只是一个求力求劲之法，但由于后矛前盾的姿势特征，使其在技击方面有独到之处。经过相关的功法训练后，就有必要使定式的桩法"活"起来，使静态的间架变成具有实际应用价值的"矛"和"盾"。前手的"盾"起到掤撑、格挡、堵截的防守作用；后手的"矛"则以拳或掌作为进攻的利器向对手出击。这种"矛"的出击方式通常包括炮拳、圈捶、钻拳、崩拳等。下面将以左式为例介绍具体的使用方法。

二、矛以炮拳的形式出击

下肢为左丁八步，两手呈空握拳状，左拳置于胸前约半尺距离，右拳置于身侧，此为起势状态（图383）。

在上身左转的同时，左臂以"盾"之势向左上方掤出，左拳至头部左前方约八寸距离；右拳的"矛"则以炮拳之势向前击出，拳高略低于头，拳心向下（图384、图385）。此动完成后，两拳向右下方回归原位，依次再做第二个动作。

图383   图384   图385

单式的矛盾出击熟练后，可进行左右交替的练习。其方法为：右炮拳击出后，左拳下落至体侧，右拳回拉至胸前约半尺距离，然后，在上身右转的同时，右臂以"盾"之势向右上方掤出，右拳至头部右前方约八寸距离；左拳的"矛"则以炮拳之势向前击出，拳高略低于头，拳心向下（图386、图387）。此后，再使左拳回拉，右拳下落，依次反复练习。

图 386

图 387

三、矛以钻拳的形式出击

所谓钻拳，就是所击之拳如钻头钻出。其具体方法为：击出的拳由体侧边外旋边向前上方打出，其目标部位是对方咽喉或下颌。此种操练和矛以炮拳形式出击的练法基本类同。

1. 单式操练的模式

先站成起势状态（图 388），左臂以"盾"之势向左上方掤出，同时，右臂边外旋边使右拳的"矛"以钻拳之势向前上方击出，拳心向上（图 389、图 390）。然后，两臂两拳恢复至起始状态，再重复练习下一个动作。

图 388

图 389

图 390

2. 左右交替的练习方法

右钻拳击出后，左拳落至体侧，右拳回拉；随着上身的右转使右臂的"盾"拥出，左拳的"矛"则以钻拳击出，拳心向上（图391、图392）。如此左右交替练习。

图 391

图 392

四、矛以圈捶的形式出击

此项练法亦与击出炮拳的形式相似，但"矛"是以圈捶的方式打出的。

1. 单式练习方法

由起势状态开始（图393），左臂的"盾"拥出，几乎同时，右拳的"矛"以圈捶之势由体侧向前上方击出（图394、图395）。此后，将肢体各部恢复至原位，再做第二个盾拥矛击的动作。

2. 左右交替的练习方法

右圈捶击出后，左拳落至体侧，右拳回拉；在上身右转、右臂的"盾"拥出之际，左拳的"矛"以圈捶击出（图396、图397）。此后再进行左盾右矛的圈捶练习，如此循环练习。

图 393　　　　　　　　　　　　图 394

图 396　　　　　　图 397　　　　　　图 397

五、矛以崩拳的形式出击

崩拳属于低位拳法，它是由体侧直线向前击出，拳眼向上。所击之拳要以整体之力为动力，拳击之处如山崩地裂，势威力猛。此种练法的前臂为"盾"，后手崩拳为"矛"。

1.单式练习方法

由起势状态开始（图 398），上身稍向左转，使左臂的"盾"拥出，在整体力的驱动下，右拳的"矛"以崩拳之势向前击出，拳眼向上（图 399、图 400）。随之将上肢恢复原位，再重复下一个左盾后矛的崩拳练习。

图 398　　　　　　　图 399　　　　　　　图 400

2. 交替练习方法

右崩拳击出后, 左拳落至体侧, 右拳回拉; 上身右转, 右臂"盾"掤出, 同时, 左拳的"矛"以崩拳击出, 拳眼向上 (图 401、图 402)。左右式交替反复练习。

以上的"矛"是以炮、圈、钻、崩 4 种拳法出现的。但实际上, 击出的"矛"可为任一技法招式, 此即"矛"的多变性。

图 401

图 402

>>>

六、矛和盾主动出击法

盾虽用于防守，但也可作为进攻性武器。它和矛可以联动出击。不论敌手是否进攻，我均快速以盾砸向敌手，以矛刺向敌手。

当与对方保持一定距离而处于对峙状态时（图403），我突然打破僵局，快速地抢步上前，左臂如盾砸向对方的头部或胸部，右手似矛刺向对方。此时的矛可以是不同的拳法或掌法。

1. 以右圈捶配合左臂的盾同时出击（图404）。

2. 左臂的盾砸向对方防守的手臂，右炮拳的矛重击对方头面部（图405）。

3. 左臂为盾将对方腕臂砸开，右钻拳为矛钻打对方咽喉部位（图406）。

4. 左臂以盾砸向对方面部，右崩拳则如利矛刺向对方左肋部位（图407）。

5. 左臂为盾砸向对方，右掌如矛横扫对方颈部（图408）。

图403

图404

图 405

图 406

图 407

图 408

七、矛和盾的被动反击法

敌方向我进攻时，我一臂如盾防守，另一手似矛进攻。

【示例1】对方以右直拳向我头面部击来，我稍向后闪身，与此同时，左臂迅速抬起，并以盾牌之势向左阻挡，右拳如矛，以炮拳之势向前击打对方面部（图409~图411）；也可在左盾阻挡后顺势向左下方挂敌右臂，右拳以钻拳之势击打对方咽喉部位（图412）。

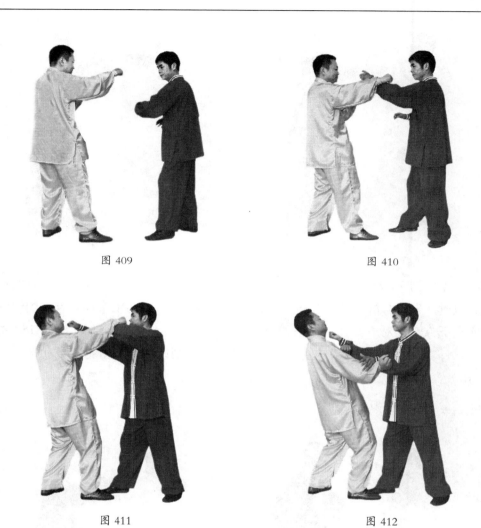

图 409

图 410

图 411

图 412

【示例2】对方以左拳向我击来，我稍向右闪身，同时左臂如盾抬起，然后，在向下猛砸对方左臂之际，右炮拳如利矛之势击其左侧耳根部位（图413、图414）。

在实际的技击中，有时为了取得事半功倍的效果，也可将"盾"的后续动作加以延伸，即前臂的盾掤挡对方后，再以腕关节为触点进行缠化、牵拉对方上肢。其目的在于控制对方。然后，后手的"矛"以不同拳法向对方进攻。

图 413

图 414

【示例3】对方右拳击来，我稍向左闪身，在躲开对方拳锋之时，右臂抬起似盾，先向右格挡对方右臂，然后，上身右转，以腰为轴带动右臂右腕继续向右下方牵挂对方右臂，左拳如矛以炮拳之势击打对方后脑部位（图415~图417）；如果我右腕的牵挂使对方上身前俯，我则以左崩拳击打对方肋部（图418）。

图 415

图 416

图 417

图 418

【示例4】在与对方对峙过程中，左拳左臂如盾在前，右拳似矛在后，对方若以右拳向我击来，在我稍向后闪身的同时，左臂以坚盾之势由上向下猛砸对方右臂，然后，左臂继续向左缠挂对方右臂，右拳以炮拳之势向前击打对方面部（图419~图421）。

图 419

图 420

图 421

第六节　辅助动作的神机妙法

在外整性力量训练的环节中，有力量引发的辅助练习，这种看起来只是前后甩臂的简单动作，却能衍变出高级的劲力和非常实用的技法。

一、体验浑厚的冲撞力

在辅助动作的甩臂过程中，将速度越变越快，当完成最后一次前甩时，其速度如闪电之疾，再配合雷鸣般的发声，骤然使周身整劲向前撞出（图422~图424）。

图422　　　　　　　　　图423　　　　　　　　　图424

在一般情况下，通常将3次甩臂作为一个循环。前两个甩臂是爆发冲撞力的预备状态，此时务必保持身体的高度放松。只有这样才能蓄力充足，才能在第三个甩臂过程中瞬间产生惊人的爆发力。实际操练时，可由同伴或自己按"1、2、3"的口令练习，当喊到"1、2"口令时，周身要松沉，两臂要柔顺，速度要均匀，当喊到"3"的口令时，两臂的前甩戛然而止，两臂的肌群高度收缩，周身之力如山洪暴发，倾泻而出；或者我之整劲如巨盆之水，哗的一声骤然泼出。故亦可将此力称为"泼水力"。

体认到冲撞力的存在后，可进行非甩臂状况下的随意体验。即将两掌置于体侧或身前任一位置，然后两臂突然向前上方做快速抛出动作，使之具有骤然的收缩沉重感。练到高级阶段后，可将此力操练于无形。即将两掌置于身前某一固定位置，然后，在无丝毫甩臂预兆的前提下，让大脑给出甩臂的信号，指挥两掌突然向前撞击。

　　冲撞力的检验：我两掌置于体侧，拳友与我相对而立，并将墙靶握于胸前。在我甩臂的过程中，迅速以掌根部位向其胸部撞击（图425、图426），若对方在有墙靶的保护下仍感到有较强的阵痛感，即说明冲撞力的体验有了较好的效应。

图425　　　　　　　　　　　　　　　　图426

二、感知高强度的穿透力

　　练到一定程度后，将一臂（如左臂）置于原位，仅以另一臂（如右臂）做单独的甩臂动作，当感到此臂的沉实效果非常明显时，即将右掌变空握拳状，并使之快速向前抛出。练习时，可意感身前立有一堵厚墙，在单臂发力的瞬间，臂如离弦之箭"嗖"的一下即刻穿出，拳似出膛之弹快速地向前飞出。刚开始练习时，也可按"1、2、3"的口令进行，当喊到"1、2"时，身体和甩动的单臂要放松，喊到"3"的口令时，即使右臂穿击而出。

　　按照体验冲撞力的类似方法，也可在非甩臂的状况下进行随意练习。将待甩之空拳置于胯前稍偏外，拳的虎口斜向前上方，然后此拳以极强的穿透力迅速向前向上抛出。同样地，还可将单臂的甩动幅度越变越小，乃至在无形的轨迹中仍能完成穿透力的爆发过程。

穿透力的检验：下肢站成右丁八步，左拳置于胸前，右拳置于体侧稍后方，我右臂先在放松的前提下甩动两次，在第三次甩动的过程中，突然加速向拳友的胸前穿击而出（图427、图428）。要让对方在有墙靶护体的情况下，仍感到有较强的穿透力进入体内。当然，为了让对方更好地保护自我，在其双手握靶时，可让靶体与上身留有适当间隙，这样就可缓冲一部分穿透力。

在体验两臂或单臂的穿透力时，臂部会呈现明显的绵里裹铁或强烈的灌铅感觉，故通常将这种力量称为"裹铁力"。

图 427   图 428

三、衍变为虎扑和豹形

在练辅助动作时，两掌的起始点位于体侧，若将两臂抬起，两掌高举过头，十指斜向前上方，掌心斜向前下方（图429），以此状态作为起始点，可轻易地衍变出虎扑和豹形技法。此法的动作模式等同于先前的甩臂动作，所不同的只是起始点的变化。其关键是：我两掌处于起始状态时，尽量保持臂部放松，然后，在身体重心稍向前移、前脚掌略向下踩的同时，将两臂的松沉之劲自然下甩，两掌则如虎爪向前下方扑打。根据具体情况，两掌扑打的幅度可大可小，如扑至胸前、腹前或体侧稍后。一般而言，幅度越大，惯性力越明显（图430、图431）。

图 429	图 430	图 431

扑打体验：拳友站我身前，我两掌举起，然后，以两臂的沉实之劲带动两掌迅速向对方扑去，若能将其扑倒，或使其连连后退至 3 米开外（图 432~ 图 434），即说明有了相当效果。

图 432	图 433	图 434

由于是同伴互练，在操作时，必须要注意两条原则。第一，下扑时要以发放力发放之，避免以穿透力击打之，以免伤及对方；第二，两掌扑放的接触面应在对方的肩部，而不应在对方的胸部或面部。

如果把虎扑看作甩臂动作的一半过程，那么豹形则是甩臂动作的完整过程。在我两臂抬起、两掌高举的前提下，两臂向前下方甩动时，要如猛虎扑食之状；两臂向前上方甩动时，则有雾豹前窜猎物之神意。

豹形的意义在于：我以虎扑动作扑打或扑放对方难以奏效，或者仅造成对方稍有后退之势时，我之攻势并不停止，立即以掌根部位向前撞去。对方第一次受到虎扑后，即使不被放出，但其重心已被破坏，当第二次受到豹形的前撞后，必跌无疑（图435、图436）。

图 435   图 436

四、衍变为劈拳

通常的辅助甩臂练习，两掌在上的高度是相同的，在下则是分别置于体侧偏后方，但是，若将两臂上下错开向下甩动，即可衍变为劈拳。具体操作为：下肢站成右丁八步，上身稍向右偏，右掌保持原甩臂在上的高度，左掌向右下方回拉至右肩前约半尺距离（图437），然后两臂按甩臂的模式向前下方劈打，左掌止于腹前约半尺距离，右掌止于左掌右前方约一尺距离（图438）。此后，再将两臂向前上方甩动，使两掌恢复原来高度。此后反复练习即可。

在正劈的基础上，两手不停，使之继续向左向后运行至体侧（图439），然后两掌向上运行，左掌高举过头，置于头部左侧前上方，掌心斜向前下方，右掌置于左肩前约半尺距离，掌心斜向后上方，身体重心略向后移（图440）；此动不停，在我身体重心再向前移的同时，两臂向前下方做弧形的甩劈动作，右掌落于腹前约半尺距离，掌心向上，左掌落于右掌左前方约一尺距离，掌心向下（图441）。此后两掌同时先向右后方、再向上的弧形运动，使之回归至原劈拳的起始状态。如此再进行下一个正劈和反劈的练习。左式的练法与

图 437

图 438

图 439

图 440

图 441

此相同，只是方向相反。

　　对于初学者而言，先练正劈，后练反劈，两者熟练后，可一次性地完成正、反两个劈甩动作。练习劈拳时，可意想有壮汉立于身前，在我两臂甩动的驱动下，若为正劈，则以左掌劈撞对方胸部，以右掌劈砸对方面部；若是反劈，应以左掌劈打对方面部，右掌的掌背劈砸对方心窝部位。

劈拳的模拟对靶练习：

1.对方立于身前，我用劈拳劈打对方。由于此项练习非实搏自卫，所以在我劈甩对方时，应以发放力作用之，不可用穿透力伤及对练者。劈打的部位也要注意，正劈应在对方胸部或左肩，反劈应在对方胸部或右肩。

2.让对方带上护胸与护头，我以适当的穿透力劈砸对方。

3.允许对方躲闪，我以踩步或三角步等进行追劈。最常见的是配合踩步练习，走第一个踩步时，甩出正劈拳，走第二个踩步时，打出反劈拳。

五、衍变为玉猫洗脸

辅助动作的两臂总是同时向上或向下甩动的,若使之变为反向的甩臂动作,即可衍生玉猫洗脸的技法。具体操作为：下肢站成丁八步（左式或右式均可），左臂垂放于体侧，右掌高举过头，然后进行左臂向上、右臂向下的交错甩臂练习（图442）；在反复甩动的过程中，逐渐使之向身前靠近，使左掌位于头部左前方约一尺距离，掌心斜向前下方，右掌位于左胯右上方约半尺距离，掌心向下（图443~图445）；继之，再使左掌向下甩动至左胯左上方约半尺距离，掌心向下，右掌向上甩动至头部右前方约一尺距离，掌心斜向前下方。此时，已完全过渡为正面的交错甩臂练习，其状如猫洗面，故称玉猫洗脸。

图 442　　　　　图 443　　　　　图 444　　　　　图 445

若能将玉猫洗脸配合步法练习，实用价值更高。最适宜玉猫洗脸的步法为踩步。练习方法为：下肢站成左丁八步，左掌在下，右掌在上，在左脚向前垫步、右脚跟进之际，左掌向上弧形运动至头部左前方约一尺距离，掌心斜向前下方，右掌向下弧形运动至右胯前上方约半尺距离，掌心向下（图446、图447），当我再次向前垫步的同时，左掌下行、右掌上行使之回位于原来状态。如此向前反复练习。

图 446

图 447

右脚在前的练法与此相似。也可配合后退的踩步练习。

配合踩步训练时，为了丰富技法，可随意地将玉猫洗脸变换为其他的招式招法，如变为圈捶、炮拳、劈拳等。比如，当两掌运行至身前位置时，化掌为拳，右拳以炮拳快速弹出，左拳随之再以重炮拳之势向前击出（图448~图450）。

再如，左手处于在上、右手处于在下位置时，先将两掌变拳（图451）；然后，右拳向右下方弧形下落至体侧后，即向左上方圈打而出，在此过程中，左拳回拉至下颌部位；在右拳回拉至下颌之际，左拳先下行至体侧，再以圈捶之势向右上方抛击而出（图452、图453）。

如此操作熟练后，可让拳友位于我前方一定距离处，我快速地运步至其身前，以玉猫洗脸的方式向其进攻。从外形上看，玉猫洗脸的动作虽然简单，但技击作用十分显著。假若对方以拳向我击来，我一臂可由下至上进行格挡，也可从上向下砸挂其臂，以破进攻拳锋，而另一手则以掌法或拳法的技击方式进行反击。

图 448   图 449   图 450

图 451   图 452   图 453

第七节 检验性试力的技击妙用

　　试力是将由桩功所蓄积的劲力向空间延伸的功法。由于力量的属性和作用特征不同，就使得不同的试力有不同的肢体运动形式。从广义上讲，任何有形的肢体动作均可具有攻防作用。至于这些形体各异的试力动作究竟有多大的技击效用，关键取决于操作者对某一特定试力形式的感悟和熟练程度。即使一个看起来非常简单的动作，只要运用者功力雄厚，技法娴熟，经验丰富，就一定

>>>

能发挥巨大的威力。常规试力中的蛇缠手试力和金龟出水试力就有极强的技击作用。这些内容李照山先生已在《大成拳初学入门》《大成拳断手绝技》两书中分别做了详细介绍。

在顺势而试的内容中，介绍了左右螺旋、挤压弹簧、摇辘轳三个检验性试力的动作模式和力量的体验方法。殊不知，这些特定的肢体运动模式却蕴藏有玄妙的技击效能，尤其是左右螺旋的动作模式更具有攻防兼备的技击特征。

一、左右螺旋的技击应用

对于主动出击而言，不论敌方如何出招，我均以快速的步法近身于敌前，左掌先以螺旋的方式向右前方砍击敌方颈部，然后再以右螺旋掌的形式向左前方削砍敌方耳根部位（图454～图456）。当然，在实际的技击过程中，也可化掌为拳施以重击。

图 454　　　　　　　　　图 455　　　　　　　　　图 456

左右螺旋的特点就是在力量传导过程中，或力量发放的瞬间务必要使背部和臂部肌群形成统一的收缩链，以致整个臂部如铁棍之坚硬，掌砍之处似钢刀之锋利，拳击之处好像铁锤之沉重。此时，即使敌方以臂格挡，也难以阻截我强大的攻势。而我之臂、掌、拳所到之处无坚不摧。

在被动反击方面，左右螺旋更有奇妙之处。由于弧形的螺旋动作，使得其在防守方面不但变得较为省力，而且应用起来得心应手；当进击的手臂处于体侧位置时，以此手的掌或拳作为打击的武器，亦非常便利。此时，可将其演变多种招法形式和多打击目标向敌方进攻。这些招法可为削掌、圈捶、钻拳、扇掌或崩拳等，打击的目标可为面部、耳根、颈部或肋部等。究竟采取何种招法或将敌方哪一部位作为打击目标，是没有固定模式的，这完全取决于双方的位置变化和出招的灵便程度。下面以实例说明。

1. 左旋臂右削掌

敌以右拳向我面部击来，我上身稍向后闪，同时，左掌以螺旋的方式向右上方砍压敌之右臂，堵其拳锋后，再向左下方旋挂对方右臂；然后，随着上身重心的前移，以背部右侧肌群收缩为动力，右掌迅速向左前方以削掌的形式猛砍对方左颈部位（图457~图459）。

图 457   图 458   图 459

2. 右闪挂击后脑

敌左拳向我击来，当其拳锋将至时，我稍向右闪身，先以左腕内侧触其左臂，然后立即由上向外、再向左下方旋挂其左臂，与此同时，右臂在后背力量的驱动下，向左上方弧形甩动，右拳则以圈捶之势击打对方后脑部位（图460~图462）。

3. 上螺旋下穿裆

此法是应对敌方连环出击的制胜之法。当敌左拳击来时，我右臂以螺旋之势将其左臂旋扣于我右腕之下；敌再以右拳进攻，我迅速以左臂的螺旋方式将其右臂阻挡于我左腕之下，然后，我左腿抬起，左脚以穿裆脚之势踢其裆部（463~图465）。如果此时右脚在后，则以右脚向其踢去。

图 460　　　　　图 461　　　　　图 462

图 463　　　　　图 464　　　　　图 465

4. 缠绕臂击肝肋

敌以右拳击我，我稍向左闪身的同时，右臂通过一个完整的螺旋动作，先磕挡对方右臂，然后由内向外、再向右下方旋动对方右臂，待我牢牢控制对方右臂之际，上身右转，并立即启动背、臂的连动之力，驱动左拳崩打对方肝肋部位（图 466~ 图 468）。

假若我右臂的旋动使对方上身发生较大的偏移，左手的崩拳也可击打对方后背。

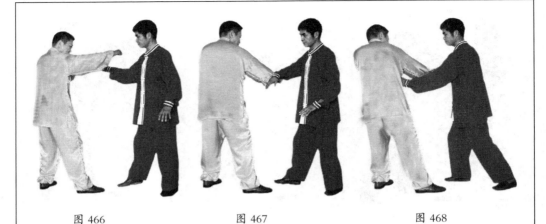

图 466   图 467   图 468

5. 右揽颈左圈打

敌左拳向我击来，我左臂上抬以起防卫作用，右脚向右斜跨半步，绕敌左侧稍后，与此同时，左臂向左下方自然下落，右臂以螺旋的方式至其颈部并用力卡之；然后左臂再向右上方螺旋而出，左拳则以圈捶之势击打对方胸部（图 469~图 471）；也可将击打的位置降低至腹部。

图 469   图 470   图 471

6. 防腿击钻颈部

敌右腿向我踹踢，在我稍向后闪身的同时，左臂由上向左下方弧形旋动，右拳在背、臂紧实之力驱动下，猛力砸击对方右腿；右脚上步踏敌中线部位，右臂边外旋边向左前方旋动，最后，右手以削掌砍其左颈或耳根部位，或以钻拳击其颈部（图 472~图 474）。

图 472　　　　　　　　　　图 473　　　　　　　　　　图 474

7. 旋右臂金刚膝

敌右拳击来，我稍向右闪身，同时，左臂做一个完整的螺旋动作将其右臂向左下方旋开，此时，不论敌方左拳是否再度出击，我右臂均向右上方螺旋而出，然后，在右掌将敌颈部向下挂拉之际，右腿抬起并以金刚膝之势迅猛顶撞敌方腹部（图 475~图 477）。

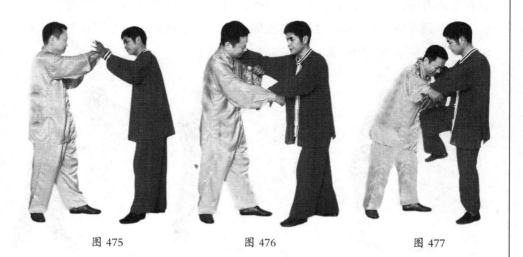

图 475　　　　　　　　　　图 476　　　　　　　　　　图 477

8.引敌臂圈面部

在与敌对峙过程中，敌若以右拳击我头部，当其拳锋将至时，我先以左臂的螺旋方式将其向左下方引动，紧接着，左脚向左斜跨半步，右脚随之跟进，在我上身左转的同时，左腕继续向左牵引对方右臂，当我上身处其右侧时，右臂螺旋而动，右拳向前圈打对方面部（图478~图480）。

图 478　　　　　　　　图 479　　　　　　　　图 480

9.砍颈项击脾肋

敌以左拳从正面击来，我右脚向右前方跨步，以此身法调整，使我变位于对方身体右侧，以闪开对方拳锋；与此同时，右掌以螺旋运动的方式向左上方砍击对方颈项或后脑部位，然后，立即调动后背左侧肌力向左臂、左腕、左拳传导，并以左拳击敌脾肋部位（图481~图483）。

图 481　　　　　　　　图 482　　　　　　　　图 483

>>>

二、挤压弹簧技击应用

挤压弹簧的动作幅度较小，而且是以前后运行为主，因此，就其运动轨迹而言，最适宜放人和炮拳的使用。但需要注意的是，此时的放人与炮拳与一般的应用有着根本的区别。所谓挤压弹簧，是对脊柱部位和臂部紧实之力的连通性体验，故在发放或击打对手时，必须要将如此强大的连通之力作为肢体的灵魂。只有这样，被放者无不飞进而出，被击者必受重创。

1. 内分挡前飞撞

不论敌以左拳或右拳向我击来，我均将两臂在身前抬起，以挤压弹簧的起始状态阻其进攻的手臂，然后再以向前挤按弹簧的方式将其放出。

比如，敌以右拳击来时，我两臂抬起后，当左臂磕挡对方右臂后，稍向后挂动，使其上身受到震动而不稳，此时，我立即以腰背之力为动力，向前撞击对方胸部，将其放出（图484~图486）。

图484　　　　　　　　图485　　　　　　　　图486

由于此种撞击力较为强大，对方在被放出的同时，机体内部也会遭到穿透力的打击。

2. 外压控双拳击

此法与上述方法有类似之处，所不同的是，臂部由外入内控制对方。例如，敌以左拳向我击来，当其拳锋将至时，两臂同时上抬，右臂向左磕挡其左臂后，继续由上向下扣按，待完全控制其进攻拳臂后，立即向前进步，踏其中线部位，两拳同时向前进攻，使左拳击打对方右胸肺部，右拳击打对方左心脏部位（图487~图489）。

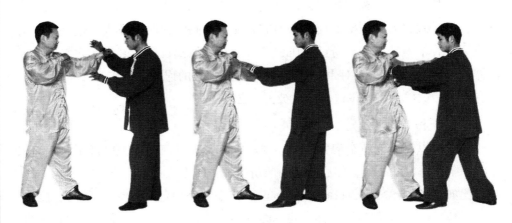

图 487　　　　　　　　图 488　　　　　　　　图 489

以上两法是双手同时挤压弹簧的技击应用，下面介绍的是两手交替挤压弹簧的技击应用。

3. 左砸挂右炮打

敌右拳击来，我稍向后闪身，同时，左拳由上向左下方砸挂其右臂，使其进击拳锋落空，然后，在我上身略向前移之际，立即发动背与臂的连通收缩之力，驱动右拳以重炮之势击其面部（图490~图492）。

图 490　　　　　　　　图 491　　　　　　　　图 492

4. 左拳击右拳撞

敌以左摆拳击我右侧耳根部位，我右拳由上向下劈砸，与此同时，左拳向前击其胸部或头部，通过这样一个完整的左式挤压弹簧的操作，可有攻防兼备之效；假若对方受到我左拳的打击而向后闪身，我立即上步跟进，在我蓄足脊柱与右臂力量之际，右掌则以挤压弹簧的模式迅猛推撞对方下颌部位（图 493~图 495）。

图 493　　　　　　　　图 494　　　　　　　　图 495

三、摇辘轳的技击应用

1. 前扑撞双拳击

这是摇辘轳的主动进击操作。敌方处于我身前位置，不论其欲以何种招法向我进攻，我均以迅雷不及掩耳之势近身于敌前，在我两拳抬起的同时，瞬间蓄足整个腰背之力，然后，在腰背肌群收缩向两臂传导的前提下，两拳向前下方扑撞其胸部；对方若向后闪身，我立即通过第二轮摇辘轳动作，使两拳向前上方击打对方面部或胸部（图 496~图 498）；或者，两拳上下错开，分别击打对方胸部和面部（图 499）。

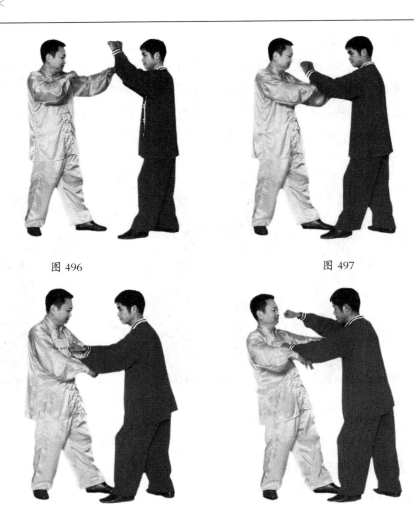

图 496

图 497

图 498

图 499

2. 左右撑重贯锤

　　敌以双掌向我扑来，或以两拳向我砸来，我稍向后闪身，待其双掌或两拳距我上身约半尺距离时，后背微呈拱起之状，两臂随之向上抬起，并同时以我坚硬的两腕向上将其上肢撑起，然后，两脚踩步上前，两臂如同铁棍，两拳重锤般的猛砸对方胸部或面部（图 500 ～图 502）。

| 图 500 | 图 501 | 图 502 |

3.绕身砸斜击面

敌右拳向我头部击来，我左脚向左前方跨步成左丁八步，同时随着上身的右转，绕其于上身右侧，两臂迅速向下砸其右臂；此动不停，在我启动腰背与臂部力量的前提下，两拳向左前方以拳背部位斜砸对方面部（图 503 ~ 图505）。

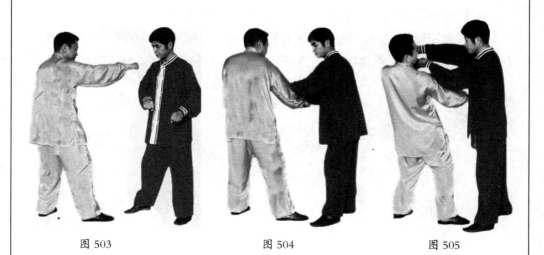

| 图 503 | 图 504 | 图 505 |

4. 掤左臂击胸腹

敌以左拳从正面击我，我上身边左转边向右闪开，与此同时，右脚向右前方上步，左脚横向随之，以绕身于对方身体左侧，在此过程中，两臂由下向上掤起，以架空其左臂，然后，两臂以摇辘轳的方式向右下方击打，左右两拳击打的部位分别是对方腹部和胸部（图506~图508）。

图 506　　　　　　　　　图 507　　　　　　　　　图 508

5. 砸右腿双拳击

敌以左侧踹腿或正蹬腿向我踢来，我右脚向右横跨半步，左脚随之跟进，在闪开对方左腿的同时，两拳向前下方以摇辘轳的模式砸其左腿；待我两拳再次抬起后，以第二轮摇辘轳的动作击打敌方头部和胸部（图509~图511）。

图 509　　　　　　　　　图 510　　　　　　　　　图 511

假如我的砸腿动作使其上身产生了较为明显的向左转动，立即使左脚上步直逼对方中线位置，并在第二轮摇辘轳的动作中，两手以炮拳的方式从正面击敌面部（图512~图514）。

图 512　　　　　　　　图 513　　　　　　　　图 514

第八节　大成拳抗击性揭秘

一、抗击性的意义

所谓抗击性就是抗外力的击打能力。我们常听说的"金钟罩"和"铁布衫"之类的功夫，实际上就是对抗击性一种比喻性的描述。其意义在于：①有效地保护自我，使被击部位不会因为重击而受伤；②显示自身功力，威慑敌方。击我者犹如打在充足气的轮胎上，砰砰作响，弹性很大，无疑会使进犯者感到惊恐；③更好地打击敌方，当进犯者一拳打来不能奏效时，此时双方距离势必很近，我以任何招法击之，均为易事。因此，抗击性亦属技击的范畴，而且非常适用高强度的搏击。

练过大成拳或稍有大成拳常识的人都知道，大成拳的修炼极易使人产生抗击性。开始出现的部位在下腹，此后逐渐扩展至上腹、心窝、胸部及身体其他部位。事实上，除了练大成拳具有抗击性外，其他多种武术和内功修炼均有这一技法。关键的区别是，其他的任何拳术欲使习练者具有抗击性，必须经过专门的功法练习；就连那些通过内功修炼获得抗击性者，必然亦有一套完整的功法。比如，"金钟罩"和"铁布衫"的修炼都有系统的训练方法。对于大成拳而言，抗击性只是一个"副产品"，只要经过一阶段的正确站桩，即可产生抗击性。

抗击性的含义包括两个方面，一是被击后不觉疼痛，二是受到重击的部位具有保护内脏的能力。在这两个方面中，尤其是后者显得更为重要。其原因是内脏的重创远大于表皮的疼痛。

二、抗击性的机理

1. "气"与抗击性

对于机体产生抗击性的原因，很多观点都是泛泛而谈。能从本质上揭示者可谓凤毛麟角。在这些观点中，多数都认为是"气"的作用。这种"气"并非空气之气，在武术或气功中常将之称为"内气"。传统的中医理论则认为，"气"是人体内不断运行的、具有重要作用的精微物质。根据其来源不同，"气"可分为"元气""宗气""营气""卫气"等。人的生命活动皆源于"内气"，通过经络的传导作用，可将不同的"内气"运达于机体各部。

受中医理论的影响，不少功法的修炼与解释均与"气"的说法有关。练习时，大多讲究意守丹田，以培养关元穴部位之"真气"，当此部气机发动后，即可打通大小周天，乃至身体产生抗击性。有的功法还专门讲究如何行经走气，有的则强调所谓的顺呼吸或逆呼吸，有的硬气功则有"喷气"的练法，其目的都是为了使"内气"能通畅地运达相关部位，使之产生抗击性。但是，这种"气"到底是一种什么物质，或者说，它究竟使机体发生了何种变化才具有了抗击打能力，到目前为止，还没有一个科学的解释。对此，笔者曾请教了一些生理学、解剖学的教授，都未找到满意的答案。

2. 抗击性与痛觉

机体受到外力打击后就会产生痛觉。根据击打的部位和外力的大小不同，痛觉包括有表皮痛、肌肉痛、骨骼痛及内脏痛。较小的力量击打只能引起表皮痛，极强的穿透力不但会痛及肌肉、骨骼或内脏，还会使被击部位红肿，乃至出现淤血现象；如果被击部位是胸部、腹部或后背，则会伤及内脏的心、肝、脾、肺等。此外，由于每一个人的痛觉阈或者意志力不同，即使同样的打击力，有的人感受度或耐受力低，有的人则高。

一般认为痛觉是一些没有特殊结构的感受器产生的，这种感受器是一种游离神经末梢，它广泛地分布在皮肤、肌肉和血管壁上。当机体受到重击或其他伤害后，感受器就会向神经纤维发出传导，以至中枢神经能感受到疼痛。有的人耐受疼痛的能力之所以较大，是因为脑内存在有较多的内源性镇痛物质。

在医学上，通过麻醉药来封闭神经，以阻断痛觉冲动传入大脑中枢，也可使用镇痛药作用于中枢神经而达到镇痛的效果。

在武术中，有的习武者为了增加抗击性通常采用拍打方法，比如用掌或拳来拍打自身的躯干各部；有的则用装有豆子的细长布袋反复地甩打身体；有的还用手臂甩打或用胸部撞靠树干；泰拳练习者常用自身的拳、臂、肘、膝、腿、足不断地击打、撞靠或踢撞棕树，此法不但可加强拳、脚、肘、膝的打击力度，还可增强机体的抗击打能力。凡此种种之所以能增加机体的抗击性，其作用有几个方面：①提高自身的痛觉阈，这样就会使机体在一般的外力击打下不会感到疼痛；②不断地刺激大脑以产生更多的内源性镇痛物质，一旦身体受到外力伤害后，大脑就会应激性的产生内源性镇痛物质，以使机体不会那么疼痛；③使肌肉产生高强度的瞬间收缩，这样可极大程度的增加肌肉的硬度，以起到保护骨骼和内脏的作用；④改善骨质结构，增强骨的密度，如此，就会相应地增加骨的强度和硬度，从而增加抗击性。

在抗击性的保护过程中，最重要的是内脏得以保护。被击部位即使出现不同程度的表皮痛或肌肉痛，只要不伤及内脏，就不会有生命之虞。由于内脏位于胸腔和腹腔，增加抗击性的目的就是增强胸腔和腹腔对内脏的保护作用。胸腔是由胸肌和胸骨组成，胸骨可起到保护心肺的作用，胸肌越发达，其保护作用就越强；腹腔容纳胃、肠、胰、肾、肝、脾等器官，但是腹腔的器官没有骨骼的保护作用。对于常人来讲，即使腹部受到的打击力度不是太大，也会因为这些器官的受击而疼痛难忍，如果击打的力量过大，还会使肝脾破裂而死亡。因此可见，增加胸腔和腹腔肌肉的收缩力度，就能有效地保护内脏各器官不受伤害。

3. 抗击性与肌群的收缩性

从本质上讲，只要外在的肌群能产生应激性的快速收缩，就可很好地保护内脏。对于胸部而言，胸骨的保护作用固然重要，但胸肌的第一屏障尤为重要。胸肌发达就会增加肌纤维的数量和横切面积，从而增加胸部肌群的收缩程度，使胸部肌肉异常的"结实"。这样胸肌不但能起到很好的第一道防护作用，还会有效地缓冲胸骨的抗重击性。

锻炼胸肌的方法很多，如俯卧撑、举哑铃等，这些方法属于纯粹性的发达胸肌训练。如果有意识地进行自我拍打，或让他人进行辅助性击打，其作用不但能使胸肌逐渐变得发达，而且还能拓宽胸肌的痛觉阈，更主要的是，反复地拍打刺激，可被动性地、不断地激发胸肌的收缩性，以便其在受到外力击打后骤然地坚硬起来。

腹部之所以能承受重击而使内脏得以保护，其重要的原因还是肌肉的收缩而使腹部变得坚硬。不论气功或内家拳法如何强调"意守丹田"，如何讲究培养锻炼"内气"，如何强调"行经走气"，或者如何强调"运气"，其目的均是为了调动或激发更多的能量作用于肌肉，而最终使肌肉高度收缩。这一基本原理对于腹部亦不例外。

4. 腹部易产生抗击性

通常认为上腹或下腹很柔软，是最不堪一击的部位。然而，就是这种被认为较为薄弱的部位，一旦经过气功、站桩或其他内功修炼，就会变得异常坚硬。这种由柔至刚的矛盾现象，在行外人看来是不可思议的。但是，当你有了大成拳的桩功或其他相应功法体验后，就会亲身感受到这种现象的客观存在。在大成拳的站桩中，站浑元桩通常是在下腹先出现充实的感觉，此后该部位会慢慢产生抗击性，而后逐渐向上腹的胃部延伸，乃至最后发展至心窝部位；矛盾桩对抗击性的作用主要在上腹。当上腹的抗击性加强后，则又会连动下腹和心窝部位得以强化。

腹部有哪些特殊肌群会变得如此坚硬呢？如果从解剖学的角度来阐述腹肌，对于一个习武者而言，难免会被繁琐的肌群名称所困惑，我们只能用简单明了的道理加以说明。腹部的表面是皮肤，附于表皮的是脂肪，与脂肪相连的是一般性的肌肉，如腹直肌等，再往深处是韧性很大的肌群，如腹筋膜等。对于不常进行体育锻炼身体的人，或者大腹便便者，其脂肪层较厚，很难从外表上看到肌肉；对于练健美的人，或者常练仰卧起坐者，其腹部脂肪层很薄，可直接见到腹直肌。腹部深层是韧性很大的肌群，对固定和保护内脏起着至关重要的作用。对于动物而言，我们俗称这些肌肉为"肚绷子"。比如人们常说的"牛肚绷子"就是韧性很大的肌肉，要想使这些牛肉熟透，必须慢火狠炖才行，说明"肚绷子肉"很"结实"。对于人体来说，腹部深层仍然有较为"结实"的"肚绷子肉"。练仰卧起坐或相关体育项目者，可使腹部脂肪燃烧，显露出腹部健美的肌肉，虽然其腹肌发达，但其抗重击下的保护内脏的能力并不见得太强；对于练站桩或相关"气功"的人，从外表上看，他们的腹肌与常人无异，并无特别之处，但却能承受很强的外力打击。击打者犹如打在充满气体的轮胎上，弹性十足。这充分说明一般性的体育项目只能使腹部外在性的肌肉得以锻炼，而内在性的、韧性很大的"肚绷子肉"必须通过"内功"修炼。

三、呼吸对抗击性的影响

"内功"修炼的途径较多，如气功、站桩、内家拳法的特殊运气之法等。这些方法的最终作用就是引起呼吸肌和深层腹肌的变化，使其在高能量物质"气"的作用下，产生相应的收缩，从而达到保护内脏的目的。在大成拳的站桩中，随着站桩时间的不断延长，身体在保持适度"紧"的前提下，会逐渐放松。身体的放松，又会促使大脑处于良好的入静状态，松静的结果会使呼吸变得很慢很深。呼吸的变化会直接影响着深层腹肌。

1. 呼吸的方式

人体的呼吸方式主要有 3 种：胸式呼吸，腹式呼吸，混合式呼吸。从呼吸运动的过程可知，呼吸运动主要依靠两部分呼吸肌的舒缩来完成。一种是以肋间外肌舒缩引起的肋骨和胸骨运动，称为"胸式呼吸"。这种呼吸方式仅能引起胸廓前后、左右径的增大，只有肺的上半部肺泡在工作，而中下肺叶的绝大部分肺泡都在"休息"。另一种则以膈肌运动为主。此种方式不但使胸廓的上下径增大，腹部亦极大地参与了运动，故称"腹式呼吸"。此种呼吸模式又分为顺腹式呼吸和逆腹式呼吸。前者又称"顺式呼吸"，后者又称"逆式呼吸"。顺式呼吸就是一般的腹式呼吸，吸气时腹部凸起，呼气时压缩腹部使之凹陷；逆式呼吸与之相反，吸气时腹部自然内收，呼气时小腹自然外鼓。顺式呼吸可通过腹肌来加强横膈肌运动，以扩大肺部容积，加强胃肠道及其附近毛细血管吸收大量营养物质；逆腹式呼吸在生理学上称为"变容呼吸"。吸气时腹肌收缩，腹壁回缩或稍内凹，使腹腔容积变小；呼气时小腹肌放松，腹壁隆起，使腹腔容积变大。它的呼吸范围不仅直接影响心肺及胃肠，使腹腔内的器官得到有效按摩，而且还影响到脑部和四肢各组织、各关节。正因为如此，很多气功或功法把逆式呼吸看作最好的呼吸方式而加以追求。但是，刻意地强求会拔苗助长，以致出现种种偏差。

2. 桩功的呼吸状态

在多种气功或养生功法中，如果采用的是自然呼吸，在练功的初期或中期，基本上可自然地形成顺式呼吸。这种呼吸对体弱多病者容易收效，可以达到养气健身的目的。随着练功的深入，即使我们不去有意地讲究呼吸的方式，也会自然而然的由顺式呼吸过渡至逆式呼吸。对于大成拳的桩功而言，也讲究自然呼吸（自然态呼吸），但是，随着站桩时间的延续，呼吸则由自然变得不自然，即呼吸出现了不够用的现象，有时会不由自主地深吸深呼一口气才舒服一些。此阶段通常被称为"过渡态呼吸"。当桩功下的身心愈加放松和入静后，呼吸会逐渐变得慢、细、深、长、稳、匀、悠，乃至达到每分钟呼吸一次或更长。此种状态则为"功态呼吸"。

大成拳的站桩由浑元桩开始，此桩的两臂呈环抱状态，肋间外肌相对打开，在自然态呼吸的前提下，呼吸以胸式呼吸为主，腹式呼吸为辅。由于站桩是特殊的运动式，要有更多的能量供求，而胸式呼吸所提供的能耗不能满足站桩的需求，于是就出现了呼吸不够用的过渡态呼吸。此时，机体会在桩功状态下做自动调整,其结果会使膈肌和腹肌同时运动。凡练过站桩者几乎都有这样的经历：每当深吸或深呼一口气时，胸部或腹部都会大幅度地做起伏，这说明呼吸已成为以腹式呼吸为主的状态。呼吸的深、长会使吸入的氧气不断增多，以满足耗能的需求。当桩功下的供能和耗能达到动态平衡后，呼吸会逐渐趋于平静而进入功态呼吸阶段。

在功态呼吸的初始，呼吸会由常态下的每分钟 16 次变为 10 次甚至 8 次，此时的呼吸主要是以顺式呼吸为主，即吸气时整个腹部会大幅度地鼓胀起来，说明腹肌在收缩，此时如果屏住呼吸，即可具有初步的抗击性；呼气时整个腹部会瘪凹下去，用手轻轻按之，会感到腹肌很柔软，说明腹肌处于放松状态。

随着站桩时间的延长、站桩功感的深入，呼吸的频率会越变越慢，当慢至每分钟 3～5 次时，会由顺式呼吸逐渐变为逆式呼吸，即吸气时整个腹部呈瘪凹状态，腹肌松软，无抗击性；呼气时整个腹部凸起，说明腹肌收缩，如果此时停止呼吸，腹部可具有较强的抗击性。

当功态呼吸进入高级阶段后，呼吸的频率不但会慢至每分钟 1～2 次或更长，身心亦会更加静化，逆式呼吸就会呈现微妙的状态。这种状态是逆式呼吸的高级状态，是大成拳桩功的特有状态。此时的腹部变化与常态下逆式呼吸的腹部变化有所不同。吸气并非整个腹部瘪凹下去，而是仅仅小腹（下腹）下凹，呈轻度收缩状态，上腹（胃部）高度收缩隆起，如充满气体的球体；呼气时小腹（下腹）自然放松而隆起，上腹（胃部）恢复自然状态。这种状况和某些练硬气功者"运气"情景有类似之处。只见硬气功的表演者深吸一口气，上腹立即呈膨凸状态，然后再用布条在上下腹之间扎起，并开始向臂部、手部或头部"运气"，以进行开砖或头撞石碑的种种表演。但大成拳功态呼吸所形成的腹部变化完全凭任于自然，而硬气功则是有意地"运气"形成腹肌变化。

3. 桩式的影响

对于呼吸和腹肌所产生的变化，不同的桩法亦有不同的影响作用。站浑元桩的初始，胸式呼吸为主导，兼有顺腹式呼吸，继之，会逐渐变为顺式呼吸为主导的模式。过渡态呼吸就是呼吸模式的转化阶段。在此阶段，除了膈肌外，一般的腹肌和深层腹肌都会有不同程度运动。在过渡态呼吸的后期或功态呼吸的初期，随着顺式呼吸的不断深化，下腹深层腹肌的运动会不断加强，多数人下腹会有发胀、发热或气团游走感。对于意守丹田类的气功或真气运行法的功法基本均有类似的功感。当然，人为的追求如果方法不当，会出现这样或那样的偏差。正因为下腹的如此变化，通常在 3 个月以后下腹会初步具有抗击性。随着顺式呼吸频率的不断延长，呼吸所引起腹肌也得到强化的或延时性的锻炼。比如，吸气用了 10 秒，机体会自动屏住呼吸（不是有意憋气）10 秒，在这 20 秒内，腹部隆起，腹肌会有一个较长的延时性收缩过程；此后，随着气体的呼出，腹肌则自然下陷而恢复常态，此过程大约 10 秒。正因为如此，练仰卧起坐者虽然燃烧了腹部脂肪，锻炼了腹肌，但却没有延时性的强化过程，虽然从外表上腹肌发达，却没有极强的抗击性；对于站桩者而言，由于腹肌进行了强化性的延时锻炼，尤其是当呼吸慢至每分钟一次时，这种作用会更加明显。因此虽然那些长期站桩者的腹部与常人无异，但其抗重击能力极强。

有过站桩经历的人都有这样的感受：站浑元桩到了一定阶段或站矛盾桩初、中级阶段，中下腹部位会有较强的抗击性，但上腹及心窝部位的抗击性相对较弱，尤其是心窝部位感到更是难练。到了矛盾桩的高级阶段时，逆式呼吸极易进入微妙状态。此时，除了中下部腹肌得以巩固性锻炼外，上部腹肌亦进入了不断起伏鼓荡阶段，其结果必然使此部肌群得到极大的收缩训练，从而增强抗击性。最后，即使以指端点击心窝亦无济于事。到了这个阶段，整个腹部基本均会有极强的抗重击能力。就连人们认为的薄弱部位，如肝部、脾部也能承受常人的重击。

四、体验抗击性

1. 体验腹部抗击性

在产生抗击性的不同阶段，习练者可进行自我或他人协助性的体验练习。下肢以浑元桩或矛盾桩的桩式站立，体验前可深吸一口气，然后在不呼不吸的前提下，腹肌高度收缩，自己则以拳反复击打腹部不同区域，直至机体将气体呼出为止。也可让他人以拳击打我之腹部。击打的力度由轻至重，其原则以自己能承受为主。此后，即使不进行预备前的深呼吸，只要大脑给腹肌输入相关信号，呼吸系统会自动停止呼吸，深层腹肌会自动收缩，并由此产生抗击性。到了一定阶段，呼吸、抗击性和大脑协调性高度统一，抗重击能力的强度会随着击打力度的加大而增加。如让人击我，对方会感到越用力，我之腹部会越坚硬。刚开始体验时，通常在吸气的状况下是没有抗击性的。但是到了高级阶段，即使在屏气、呼气或吸气的状态下，都会较强的抗击性。甚至当腹部受到击打后，会本能地收缩而产生抗击性。

2. 体验臂部抗击性

相对于腹部而言，机体的其他部位如臂部、背部、胸部肌群看似比较发达，但其抗击性却没有较为柔软的腹部易于产生。经过不同阶段站桩后，整个臂部会有发紧发胀、甚至有不舒服的感觉，尤其是上臂内侧的肱二头肌更加明显，站桩的时间亦有些缩短，有的人误以为这是偏差而不敢站桩了。实际上这是臂部增长力量的表现。由此引起的臂部肌群收缩就会伴随某些不适的反应。只要坚持下去，臂部的肌群就会在桩功状况下出现延时性的收缩和休整性的放松。其结果不但加强了臂部的爆发力，亦同样使瞬间的抗击效果得以强化。

3. 体验背部抗击性

站不同的养生桩和技击桩虽然对背部肌群会有一定作用，但其过程一般较慢。站松沉桩则可使背部各肌群快速地得以锻炼。松沉桩讲究"上松下紧"，而"上松"的作用正是为了打开"蓄水"的渠道。在躯干放松至相应程度后，后背就会产生局部性的收缩作用，继之，各个局部性的收缩就会发生肌肉若一的连通性。如此不但有利于背部肌群收缩之力运达于臂部及手部，还可使其产生瞬间的高度收缩而具有极强的抗击性。此时，在松沉桩的状态下，背部就会有钢板样的坚硬感。

4. 体验胸部抗击性

胸部的抗击性较难训练。除了坚持站桩外，还可以适当地配合辅助练习。其方法为：将两臂由站桩状态慢慢放下，两腋半虚，两掌半蜷状置于两肋前约半尺距离；开始时，可配合呼吸进行胸肌的收缩训练，即每快速地吸一口气，胸肌就收缩一次，呼气时将胸肌放松；此后，即可进行不配合呼吸的、随意性的收缩与放松训练；最后，可在自然屏气的同时使胸肌高度收缩，并以自己的左拳击打右胸，或以右拳击打左胸。为了增加胸部的抗击效果，还可配合步法训练。左脚向前迈步成左丁八步，左胸略呈前挺之势，与此同时，深吸一口气，使左胸肌收缩，在屏气状态下，以右拳击打左胸部位，此后在呼气的同时将左胸肌放松；然后在我上右脚成右丁八步之际，再进行类似的左拳击打右胸的练习。

5. 金刚体验抗击性

在顺势而发的功法中，"金刚体验"是爆发力量的辅助性练习，它能很好地鼓荡周身各部肌群。其作用既可引动力量的爆发性，又可使机体产生高强度的抗击性。在深呼吸的过程中，细胞获得了充分的氧气，使高能物质分解，从而使肌肉聚集了更多的能量，在以鼻"喷气"的过程中，肌肉就会产生爆发性的收缩，其效果犹如"金刚"。此时，若以掌或拳击打前胸后背甚至臂部，都会感到被击之处异常坚硬。若以臂部磕挡来犯之臂，或者砸劈他人身体，对方均会感到臂如铁棍之硬。

需要注意的是，当身体产生抗击性后，就说明机体具有了保护内脏或保护深层组织免受伤害的能力。但并不代表所击部位不会有痛的感觉。比如，让一人击打具有抗击者的腹部时，虽然感到被击者的腹部很硬，甚至"砰砰"作响，被击者也不会因为重击而遭受内伤。但被击者仍会有不同程度的痛感。如果击打者连续地击打同一部位，被击处还会出现击打"红印"。这是因为由站桩所产生的只是呼吸和肌群延时性的收缩变化，它对表皮的"痛觉阈"影响甚小，对皮下脂肪的锻炼作用亦不会太大。要想在具有抗击性的同时又不会感到表皮的疼痛，则可进行痛觉感受器的耐受练习。其方法非常简单，即在站桩后可适当地以掌或拳击打腹部、胸部或臂部，直至表皮出现一定痛感和"涨红"为止。

这种练习与外家拳法获取抗击性的方法似有相同之处，但却有根本的区别。外家拳法以手或相应物体拍打身体，或用手臂甩打物体，或用胸、背撞靠树干，其目的虽然是求取抗击打能力，但很难使深层肌群产生高频率的鼓荡作用。而大成拳的这种拍打练法只是外在性的辅助练习，其内在性的训练还是要靠站桩等相应功法来完成。

第九节 大成拳实战绝技

一、大成拳实战心法

至此，我们已介绍了四种常用的单操手、连环技法以及由矛盾桩、检验性试力、力量引发等功法所衍变的技法。这些技法虽不能保证实战的决胜权，但却是初学者入门的良法。习练者只有充分地熟化这些技法，方可熟能生巧，并从巧中感悟技击的真谛。假若没有这些基础的技法，直接让你进行"无招胜有招"或"不用招处处是招"，简直就是空中楼阁，岂不真正成了"无招"，那又怎样去应对敌方的"有招"，只有被动地挨打。

熟练了不同形式的招法，用于一般性的武技交流及防身自卫或许尚可，但若成为技击妙手，必须摒除定招定式的束缚，将"有招"升华为"无招"，将有限的定招随机地应变出无限的绝杀之招。这就是无法之法，即大成拳的实战大法。在搏击中，如果想方设法去套用某些招法或绝招，只能属于小法；若能顺势而为地使用固有的技击模式，并可取得较好的效果，也只能算作技击的中级功夫。实战的大法就是要凭借临战时双方的位置变化或触点感觉，从潜移默化的"有招"中衍生出灵活多变的技击"活招"。如果能做到这一点，即使我在任一状态下，均可在瞬间完成进攻或防守的战术。

在自然的或坐或站的常态中，并不知道对方何时向我进攻，或者以何种技法向我击来，因此也根本不可能提前设计好应对的方法；即使双方处于格斗的状态，由于瞬间的千变万化，也难以预测对方会施以何种打击手段，所以就不可能事先想好防守之法。但唯一需要做到的是，在常态或任一临阵的势态中，作为主动进攻，我的拳、掌、肘、膝、腿、足均可以不同方式、不同的方位向对方进击，其打击的手段十分丰富；若是被动的防守，则应判断对方所施招法的趋向、速度和力度，尤其是在对方的拳、掌、臂将要触及我时，更要凭借触觉的感受，快速地做出有效的应对方法。这种应对变化莫测，多种多样。

二、主动进击的多变性

当身处实战的任一定态模式时，即可以此作为发起进攻的预备式，然后突变出很多的打法。比如，下肢站成右丁八步，随意摆成左手在下、右手在上的状态（图515）。以此为基点时，手、足、腿等在步法的配合下，可有多个进击的方向或打击目标。

1. 直接以右掌背弹击对方面部（图516），也可劈打其心窝部位（图517）。

2. 以右炮拳击打对方面部（图518）。

3. 以圈捶进击对方耳根部位（图519）。

4. 以钻拳进击对方下颌部位（图520）。

5. 左拳以崩拳方式猛击对方腹部或肝肋部位（图521），也可使之以圈捶、炮拳等技法向其进击。

6. 抬右脚蹬踢对方小腿前胫部位（图522），或弹踢敌方裆部（图523）。

7. 将身体重心移至右腿，左脚向敌方的相关部位蹬踢（图524）。

8. 两手以拳或掌的方式同时向对方进击（图525），也可相互配合打击敌方。

9. 拳与脚、拳与腿、拳与膝进行上下联动，以多方位、多目标的形式向对方发起猛攻。

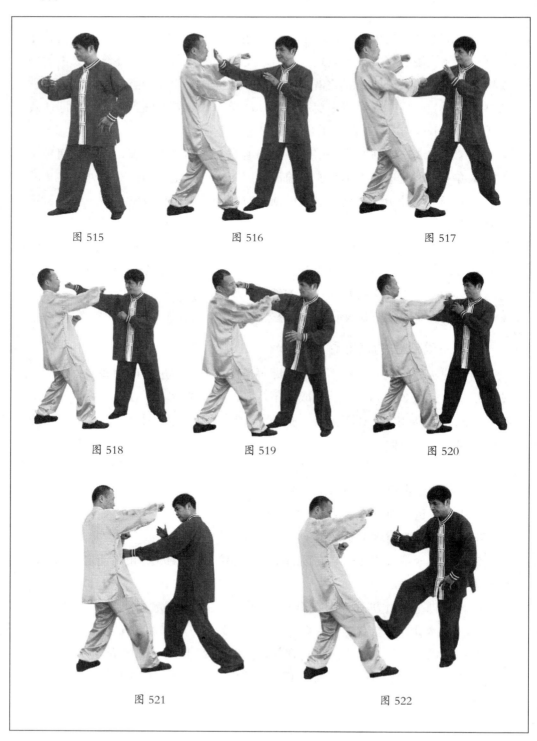

图 515　　　　　　　　　图 516　　　　　　　　　图 517

图 518　　　　　　　　　图 519　　　　　　　　　图 520

图 521　　　　　　　　　　　　　图 522

图 523　　　　　　　　　图 524　　　　　　　　　图 525

凡此种种，可谓不胜枚举。其详尽操作，下面略举几例。

1. 右甩左击

对方以右格斗式与我对峙，我突然抢步上前，以右拳甩打其面部，对手若以右臂格挡，我迅速使右腕内旋，然后向右下方旋挂其右臂，使其上身右侧处于空挡状态，我立即以左拳刺向其肝肋部位（图 526~ 图 528）。

图 526　　　　　　　　　图 527　　　　　　　　　图 528

2. 车轮滚动

我与对方对峙过程中，以疾行步方式至其身前，先以右拳向前甩打其面部或前胸，不论此击是否奏效，我右腕仍惯性地继续向下甩打，与此同时，左拳由下以抛物线的方式击打对方面部，两拳的操作如同车轮向前滚动（图 529~ 图 531）。

图 529　　　　　　　　图 530　　　　　　　　图 531

3. 绕身双打

我以较为自由的步法绕身于对方稍右侧,右掌由上向下猛砍对方右肋部位,左拳以炮拳之势击打对方右侧耳根部位;假若我绕身于对方右侧偏后方,则以类似的方法,击打对方右背或后脑部位(图 532~ 图 534)。

图 532　　　　　　　　图 533　　　　　　　　图 534

4. 拧拉砍打

进至对方身前后,先以右腕外侧触及对方右臂,随着右臂的内旋,右手抓握对方右腕,然后边外拧边向右下方牵拉其右臂,以形成对方上身前倾之势,左掌突然向前旋动,并猛力砍击或拍打对方背部(图 535~ 图 537)。

>>>

<table>
<tr><td>图 535</td><td>图 536</td><td>图 537</td></tr>
</table>

5. 右虚左实

以踩步快速向对方进身的同时，右手向前虚晃一拳，将对方注意力吸引至上部，而其躯干部位则成了空当，不论对方采取何种方法应对我右拳的虚晃，左拳均向前击打对方腹部。当然，右臂在前也能起到防守的作用（图 538~ 图 540）。

<table>
<tr><td>图 538</td><td>图 539</td><td>图 540</td></tr>
</table>

6. 上虚下实

我抢步向前至对方身前，先用右手做一个虚晃的击打动作，不管对方如何做出反应，左拳再由下向前上方做虚晃的攻击，与此同时，右脚直接由后抬起并以前脚掌弹踢对方右腿或裆部，使其防不胜防（图 541~ 图 543）。

图 541   图 542   图 543

7. 横扫千军

左脚向左前迈一大步成左丁八步，右脚继续迈步绕至其上身稍右侧，并将脚跟置于对方右脚后侧，然后，以左腕及左前臂为力点，向左前方横扫对方胸部，由于对方下肢被绊，必倒无疑（图 544~ 图 546）。

图 545   图 545   图 546

8. 排山倒海

快速以垫步向前，待至对方身前之际，左脚突然进步成左丁八步，并将左脚跟插至对方右脚内侧稍后方，此时，不论对方如何防守，我两手相互配合，以排山倒海之势撞打对方上身（图 547~ 图 549）。

图 547　　　　　　　　图 548　　　　　　　　图 549

9. 双峰贯耳

在双方僵持的过程中，以疾行步的方式进至对方身前，同时，左臂上抬，使两手处于同高状态，然后，两腕向外将其双臂向外弹开；此动不停，两拳迅速以双峰贯耳之势击打对方左右耳根部位（图 550~ 图 552）。

图 550　　　　　　　　图 551　　　　　　　　图 552

10. 连续追击

在双方相互寻找机会的过程中，以非法之步设法进至对方身前，右拳以炮拳之势连续弹击对方面部，迫使对方连连后退，我随之紧紧跟进，左拳以炮拳作为主攻手段重击对方面部，如果此时对方两臂将我右臂封住，护住了其面部，我左拳则以崩拳打击对方胸部或腹部（图 553~ 图 555）。

图 553　　　　　　　图 554　　　　　　　图 555

三、以不变应万变

　　所谓"不变"指的是身处自然的站式、坐式、或某一格斗的初始态、格斗过程的过渡态等已固有的身体状态；所谓"万变"即以不变状态应对敌方的无穷变招变法。果能如此，即使看起来非常简单的随意状态，也能随时投入战斗。比如，我右脚在前站成稍息式，两手自然垂放于身侧，这是生活中常见的姿态，看似与技击并无瓜葛，但若能善变善用，即可处处是招，十分绝妙。

　　1. 左竖右进

　　对方右直拳向我头部击来，眼看拳锋将至时，左臂迅速向上竖起，并以左腕外侧迎挡对方右臂，使其右拳受阻，与此同时，我右脚略向前进步踏其中线部位，右拳闪电般的以炮拳之势斜飞对方面部（图556~图558），也可以崩拳击打对方腹部。

图 556　　　　　　　图 557　　　　　　　图 558

2. 左右砸拳

对方左拳向我击来，当其拳面快要近身之际，我右脚上步向其中线近身，同时，两臂向上抬起，左拳在下，护住自己的胸部，右拳在上，以右腕外侧掤撑对方左臂，然后，两拳向前下方猛砸对方胸部和面部（图559~图561）。

图 559　　　　　　　图 560　　　　　　　图 561

3. 弯弓射雕

对方右拳击我胸部时，我右脚后撤，使上身闪开对方击打之拳，在此过程中，右臂上抬如拉满之弓，并以弓身架挡对方右臂，左手变拳提起，其状犹如离弦之箭，然后使之射向对方肝肋部位（图562~图564）。

图 562　　　　　　　图 563　　　　　　　图 564

4. 铁头金刚

对方双掌向我胸部扑来，我胸部立即应急为抗击状态，并同时略向后闪身，当对方掌跟触及我胸部时，我立即以双手扣按其双肘，使其双臂不能发挥作用，同时，我瞬间使头部变得异常坚硬，并猛力地撞其面部，然后再以左金刚膝的技法撞击对方腹部（图565~图567）。

| 图 565 | 图 566 | 图 567 |

5. 樵夫砍柴

当对方右拳击来时，我稍向右闪身，同时右脚略向前垫步，两臂上抬，左臂在后偏上，右臂在前偏下，然后，左掌向左将其右臂砍开，右掌则向前砍击对方颈部（图568~图570）。

| 图 568 | 图 569 | 图 570 |

6. 断臂飞膝

对方左拳向我击来，我左脚稍向后撤步，与此同时，右臂上抬以拦截其进攻的左拳，右腕内旋并扣按对方左腕，左腕置于对方左肘下端，此后两腕反向用力折拿对方左臂，然后，左膝飞起猛撞对方心窝部位（图571~图573）。

图 571　　　　　　　　　图 572　　　　　　　　　图 573

以上6例简单介绍了随意站立的应变之法，假若是以某一格斗的状态与敌面对，则更易适应实战的变化。假若在技击过程中与对方处于胶着的状态，也可凭借触点的感觉，随机而发，随机而打，随机而用。运用之妙，存乎一心，实战千变万化，实难述尽。所列之例，只是抛砖引玉。望习者善学善用，举一反三，不断完善适应于自身的百变战法。

后　记

　　在习拳的道路上，李照山先生走过不少弯路。在多年的求学、研练、授拳和探索的过程中，曾一次又一次地思考，怎样才能使习拳者快速入门和提高。经过无数次地磨炼与归纳总结，逐渐形成了快速通向拳学殿堂方法的雏形，在反复地尝试、验证和不断地提炼与升华的过程中，最终形成了以核心内容为手段的新练拳模式，这就是大成拳核心训练法。

　　初学者应将"七妙法门"作为一个很好的入门功法，但练到一定程度后，则应从王芗斋的拳学理论中窥以端倪。因为这种理论体系是大成拳学的真理所在，是航行中的指路明灯。从这个真理中能真正领略大成拳最核心的精髓。

　　姚宗勋、王选杰、卜恩富、赵道新、杨德茂、韩星樵、王斌魁等大成拳第二代传人，他们的练拳与授拳环节均是有区别的。难道我们会因此去质疑或否定他们的成就吗？由于先师的拳学思想是注重大意而不拘泥形式，即使弟子们练拳时手臂或高或低、幅度或大或小，只要能符合养生与技击的根本要义，均会得到先师的认可。这就是后辈们在练拳过程中同大法而异小法的主要原因。大家练的都是大成拳的"七妙法门"，但桩功的姿势与试力的模式并非一模一样。

　　事实上，学拳者不能仅从姿势上加以模仿，更重要的是要从外在的形式中洞悉拳学的关键所在。王芗斋先生在论述断手时曾说过："我希望学者不要囿于我所说者，要从我所说者之中推出我所未说者，如是才可贵也。"由此可知，先生也希望他的拳学有所发展，希望后学者能从他的学说中推出他所未说出的东西。既如此，后学者就可以在大原则的前提下，产生一些各自的见解。这也是第二代传承者在具体训练方面产生差异的原因之一。经过第二代的再传，这种差别会逐渐扩大。

　　从运动生物力学理论入手，大成拳的核心训练法揭示了劲力的本质与训练方法。这对练拳者来说，却不失是一个少走弯路的捷径之法。比如，我们要到一条河的对岸，直接过去既无桥又无船。沿河的此岸向前走一段路程后，可通过桥梁到达彼岸，然后沿彼岸折回一段路程才能到达河的正对岸。大成拳的矛盾桩可体验一般性的内劲，钩锉试力可使劲力得以初步的空间延伸，这两种功法好像身处河此岸的起始位置。托婴桩的训练既能使内劲深化，又是获取二争力的有效功法，此过程好比沿河前行到达了河此岸的桥头。浑元力的修炼则如同过了桥，位于桥的另一端。所谓核心训练恰似笔者为习拳者在眼前搭建一座桥，或者备了一条渡河的船。此时就不必沿河前行、过桥、再转回了。这样就没有必要专门练托婴桩、抱树桩等其他桩法了。如果习拳者悟性极好而又刻苦研习，就可达到直接过桥的效果；对于领悟一般者来说，至少也能具有乘船的效果。

李照山大成拳公众号：s13837661583
李照山大成拳网站：http://www.lzsdcq.com
联系电话：13837661583　13183379731

李照山大成拳公众号

李照山和大成拳

李照山专题片

李照山大成拳健舞

扫码看视频

大成拳核心训练法简介

核心训练之由来

劲力本质三要素

六步骤概要及外整

松沉体验

蓄积力量

顺势而试之体验

顺势而试之辅助

顺势而试之检验

顺势而发之趋势

顺势而发之单臂

顺势而发之双臂

顺势而发之松紧

顺势而发之力柱

顺势而发之金刚

六统一之声意气

六统一之势神力

李照山和大成拳

李照山专题片

李照山大成拳健舞